GUIA DE
SOBREVIVÊNCIA
NA NATUREZA

Manual do Mundo

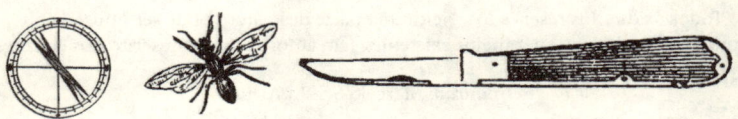

GUIA DE SOBREVIVÊNCIA NA NATUREZA

DAVE CANTERBURY

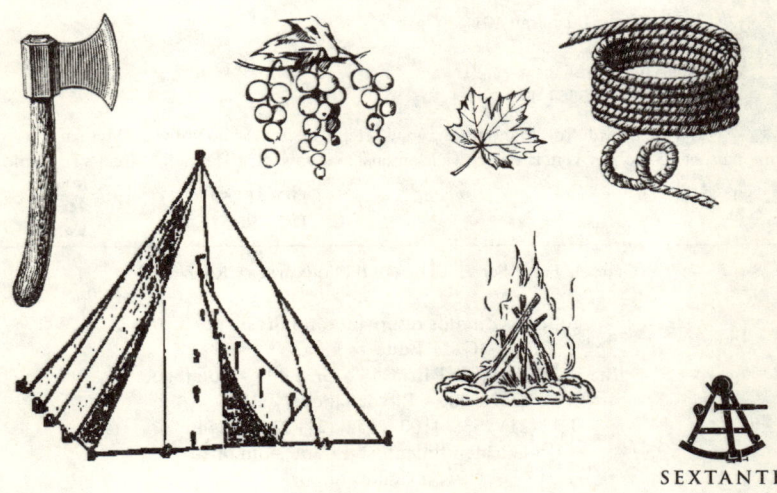

SEXTANTE

Título original: *Bushcraft 101*
Copyright © 2014 por Simon & Schuster, Inc.
Copyright da tradução © 2022 por GMT Editores Ltda.

Publicado mediante acordo com a Adams Media, um selo da Simon & Schuster, Inc., 1230 Avenue of the Americas, Nova York, NY, 10020, EUA.

Todos os direitos reservados. Nenhuma parte deste livro pode ser utilizada ou reproduzida sob quaisquer meios existentes sem autorização por escrito dos editores.

tradução: Marcelo Schild Arlin
preparo de originais: Ângelo Lessa
edição: Gabriel Machado
revisão: Luis Américo Costa e Rafaella Lemos
revisão técnica: Vitor Augusto Gay (gerente de gestão educativa da União dos Escoteiros do Brasil)
criação do conteúdo de botânica: Suzana Alcantara (doutora em Ciências Biológicas pela USP)
diagramação e adaptação de capa: Ana Paula Daudt Brandão
ilustrações: Eric Andrews
capa: Stephanie Hannus
imagens de capa: © Clipart.com, tanik/123RF, Sergey YAkovlev/123RF, Pavel Bortel/123RF
impressão e acabamento: Bartira Gráfica

CIP-BRASIL. CATALOGAÇÃO NA PUBLICAÇÃO
SINDICATO NACIONAL DOS EDITORES DE LIVROS, RJ

C231g

    Canterbury, Dave, 1963-
      Guia de sobrevivência na natureza / Dave Canterbury ; tradução Marcelo Schild. - 1. ed. - Rio de Janeiro : Sextante, 2022.
      216 p. : il. ; 21 cm.

    Tradução de: Bushcraft 101
    Apêndice
    Inclui bibliografia
    ISBN 978-65-5564-476-0

    1. Vida ao ar livre - Manuais, manuais, etc. 2. Recreação ao ar livre - Manuais, manuais, etc. 3. Sobrevivência na selva - Manuais, manuais, etc. I. Schild, Marcelo. II. Título.

22-80489   CDD: 613.69
                                          CDU: 796.5

Gabriela Faray Ferreira Lopes - Bibliotecária - CRB-7/6643

Todos os direitos reservados, no Brasil, por
GMT Editores Ltda.
Rua Voluntários da Pátria, 45 – Gr. 1.404 – Botafogo
22270-000 – Rio de Janeiro – RJ
Tel.: (21) 2538-4100 – Fax: (21) 2286-9244
E-mail: atendimento@sextante.com.br
www.sextante.com.br

Dedico este livro a todos os desbravadores que vieram antes de mim e que, com seus textos e diários, transmitiram seus conhecimentos. Sem a dedicação deles, não teríamos tantas informações que são a base de nosso conhecimento atual e livros como este seriam impossíveis.

– Dave Canterbury

— SUMÁRIO —

APRESENTAÇÃO 10
INTRODUÇÃO 16

PARTE I: EQUIPAMENTOS

CAPÍTULO 1: A mochila e outros itens importantes 21
Os Cinco Cs 21
Controle da temperatura corporal, conforto e comodidade 23
Como carregar seu equipamento 23
Cobertores de lã 24
Mochilas 26
Armações 27
Bornais (bolsas a tiracolo) 29
Kit para o viajante a pé 30
Dicas e truques para saber o que levar 31

CAPÍTULO 2: Ferramentas 33
Facas 34
Formas seguras de utilizar facas 37
Batonagem 39
Entalhes 41
Corte de raspagem 44
Como cuidar da sua faca 46
Serras 51
Segurança no uso de serras 53
Manutenção de serras 53
Machados 55
Desbaste 56

Como manusear e usar o machado com segurança 57
Como cortar lenha 58
Manutenção e afiação de machados 61
Sempre ande com cunhas 62
Dicas e truques para as suas ferramentas 63

CAPÍTULO 3: Cordas, cordeletes, fitas e nós 65
Cordelete 66
Corda 66
Fita tubular de poliamida 67
Fita de poliéster 67
Cordelete natural 68
Nós básicos e úteis para acampamento 69
Amarras, falcaças e ajustadores 77
Dicas e truques para cordas e cordeletes 79

CAPÍTULO 4: Recipientes e equipamentos para cozinhar .. 81
Garrafas d'água e cantis 82
Canecas 84
Panelas 85
Como pendurar as panelas 85
Frigideiras 88
Espeto giratório para carne 88
Pranchas 89
Objetos para manusear alimentos 89
Utensílios de ferro para cozinhar 91
Fogões e fogareiros 93
Dicas e truques para cozinhar no mato 95

CAPÍTULO 5: Abrigos 97
Toldos e barracas de lona 98
Leitos 102

Saco de folhas 102
Cobertores térmicos de emergência 103
Redes 103
Sacos de dormir 104
Cobertores de lã 106
Abrigos naturais 107
Dicas e truques para abrigos inteligentes 111

CAPÍTULO 6: Combustão 113
Isqueiro 114
Pederneira 115
Lente de aumento 116
Faca/machado 116
Fogo por fricção (gravetos) 117
Latinha carbonizadora 120
Dicas e truques para fazer fogo 121

PARTE 2: EM CAMPO

CAPÍTULO 7: A montagem do acampamento 125
Os quatro elementos 126
Higiene no acampamento 128
Toldos e montagem de coberturas 130
Como fazer fogueiras 133
Objetos para fazer fogo 134
Fogueiras 140
Fogueiras longas 143
Fogo de trincheira 143
Fogueiras de fechadura 144
Dicas e truques para o acampamento 145

CAPÍTULO 8: Como usar o próprio terreno para se orientar 147
Bússolas. 148
Utilização básica de bússolas. 149
Como entender os mapas e as características do terreno 152
Como orientar o mapa. 154
Como medir distâncias e se orientar. 156
Cinco métodos de navegação que todo mateiro deve saber 156
Azimutes reversos 157
Como descobrir a distância de determinado ponto 158
Como descobrir sua posição (automapeamento). 159
Obstáculos 162
Como fazer o reconhecimento de uma área sem precisar de azimutes reversos o tempo todo 164
Como descobrir quantas horas de luz de sol ainda restam 165
Dicas e truques para orientação. 166

CAPÍTULO 9: Plantas. 167
Biodiversidade. 169
Comestíveis selvagens. 170
Guia visual 177
Plantas medicinais. 185
Árvores e cipós: recursos para diversas finalidades. 189
Dicas e truques para usar plantas 194
Bibliografia. 195

CONCLUSÃO 197
APÊNDICE A: Como conservar e utilizar recursos. 199
APÊNDICE B: Receitas para o mato 201
APÊNDICE C: Glossário. 209
CRÉDITOS DO GUIA VISUAL 214

APRESENTAÇÃO

Quando eu tinha 8 anos, desmontei uma caixa de som e tirei o alto-falante. Não era para fazer qualquer experiência sonora ou para usar o ímã – essa parte eu joguei fora. O que eu queria era a estrutura de madeira, onde instalei quatro rodinhas de plástico e dentro coloquei um estilingue, canivete, agulha, fio de nylon e anzol de pesca. Saí puxando orgulhoso o carrinho improvisado pelo quintal de casa. Era o meu primeiro kit de sobrevivência na selva.

Nessa época, no final da década de 1980, eu morava em Piedade, no interior do estado de São Paulo. Uma cidade pequena, agrícola, com vários rios e cachoeiras, onde todo mundo se conhecia. Minha casa era de madeira, ficava no meio da mata, a 7 quilômetros do centro da cidade. Não era exatamente selva, mas o meu kit não faria feio se um extraterrestre me abandonasse perdido por aquelas bandas.

Mas o que eu gostava mesmo era de fazer cabanas. Não bastava sobreviver, era preciso ter habilidade para reconstruir a civilização a partir dos materiais da floresta.

No começo, eu não podia usar facões. Para crianças menores, a única ferramenta permitida era um arco de serra amarelo, praticamente inofensivo, mas extremamente útil para cortar bambus de uma touceira que meu pai cultivava por ali. Dava para levantar cômodos inteiros só com arames e varas, usando cobertura de galhos verdes e algumas árvores como apoio.

Uma das cabanas mais memoráveis construídas no fundo de casa foi uma casinha subterrânea. Com a ajuda de alguns amigos, fiz um buraco de 1,5 metro de profundidade e de diâmetro. Ao lado, cavei um menor e interligamos os dois por um túnel. Em seguida, colocamos alguns pedaços de madeira sobre o buraco grande e jogamos terra por cima. Um cômodo secreto!

Nessa época, não tínhamos sequer telefone, que dirá internet, TV a cabo, compras on-line ou essas lojas de equipamentos esportivos que têm qualquer coisa que a gente possa imaginar. Tudo tinha que ser improvisado com o que havia por ali. As almofadas eram sacolas cheias de folhas. As cordas, de cipó. Para cozinhar na fogueira, espetos de bambu e latas de óleo como panelas.

Conforme eu crescia, começava a ficar muito ansioso para explorar florestas mais distantes e viver aventuras que colocassem à prova as habilidades adquiridas no quintal.

Para minha sorte, meus pais gostavam de me ver aprendendo a lidar com novas ferramentas e treinando para o que um dia seria a vida para valer – na selva ou não. Por isso, foi tranquilo quando, com 15 anos, eu pedi para acampar com alguns amigos a 50 quilômetros de casa em uma tal Cachoeira do Chá, que ficava na cidade vizinha de Tapiraí, já nas bordas da Serra do Mar.

Saímos em cinco, debaixo de muita chuva. Uma hora de ônibus, meia hora de trilha e muita dificuldade para encontrar algum terreno plano para armar as barracas, que já começavam a ser vendidas nos grandes supermercados.

Ficamos quatro dias lá, sem um minuto sequer de sol. As barracas encharcaram, as roupas ficaram úmidas e era quase impossível acender uma fogueira. Quando conseguimos, a fumaça era tanta que não compensava. Comemos macarrão duro com salsicha crua e, o pior, tomamos água do rio sem ferver – o que garantiu uma infecção intestinal em cada um dos cinco aventureiros quando voltamos para a civilização.

Depois de todo o perrengue, só havia uma certeza: queríamos outra vez! Tínhamos voltado sujos, molhados e doentes, mas cheio de histórias para contar. Os momentos difíceis haviam fortalecido a amizade e nos desafiado a aprender mais para não cometer os mesmos erros no futuro.

Dali para a frente, essas aventuras eram o que me dava energia para viver. Fiz um curso de guia de ecoturismo, descobri como ler mapas e aprendi a construir canoas com câmara de pneu de caminhão, fazer uma série de nós, descer penhascos de rapel, costurar mochilas, fazer lanternas a gás para entrar em cavernas e, o mais importante de tudo, a usar uma câmera fotográfica. Eu precisava registrar aqueles bons momentos para poder contar as histórias a quem não estava ali.

Na época, não existiam fotografias digitais. Meu pai tinha uma velha Pentax K1000, uma câmera de filme, totalmente manual, que nem mesmo usava pilhas. Fiquei dias estudando como fazer o foco, regular o tempo de entrada de luz, ajustar a abertura da lente, escolher o filme certo e o melhor enquadramento.

Só que eu queria aparecer nas fotos também. Então ensinei um dos meus melhores amigos a usar a câmera. Ele não só gostou muito, como em poucos meses ficou muito melhor que eu. Comprou uma câmera mais moderna, virou fotógrafo profissional e hoje dá aulas de fotografia em uma faculdade de São Paulo.

Quando a internet apareceu, minhas primeiras pesquisas eram todas sobre aventuras na selva. Aprendi uma série de nós, primeiros socorros e explorei dezenas de destinos incríveis, como a Ilha Grande, no litoral do Rio de Janeiro, que mais tarde seria não apenas o primeiro lugar em que eu acampei com a Mari, mas também onde fiz o batismo de um curso de mergulho.

Ainda sem celular, juntei todos esses conhecimentos em um documento no computador e imprimi em um livrinho improvisado. Para proteger da água, envernizei todas as folhas e o levava para cima e para baixo. Era o meu novo kit de sobrevivência, desta vez baseado no conhecimento de dezenas de pessoas que construíam sites para compartilhar suas experiências na mata.

No momento em que precisei escolher uma faculdade, procurei uma profissão em que eu pudesse viajar, conhecer lugares e pessoas novas, fotografar e contar histórias. Não havia muita dúvida: o que oferecia tudo isso era o Jornalismo.

Em 2002, consegui passar no vestibular da Universidade de São Paulo e vim para a metrópole fazer o curso superior. Aqui conheci a Mari, que também tinha vindo de Piedade e que tinha experiências muito parecidas com as minhas – um pouco mais urbanas, pois ela havia crescido na cidade, mas o espírito "mão na massa" era o mesmo.

A vida na capital foi um choque de culturas. No interior, quando precisávamos construir ou consertar alguma coisa, na maioria das vezes tínhamos que nos virar sozinhos. Se um pneu furasse em uma estrada de terra só havia duas opções: esperar alguém passar – o que poderia levar horas – ou abrir o porta-malas e dar um jeito ali mesmo.

Em São Paulo era diferente. Ninguém instalava cortinas, calibrava pneus nem trocava tomadas por conta própria. Sempre era preciso chamar um profissional para fazer as menores tarefas. Não demorou para nossos amigos perceberem que poderíamos ajudá-los nisso, e logo viramos referência: se alguma coisa der errado, corre para chamar a Mari ou o Iberê.

Nunca nos aborrecemos com isso, muito pelo contrário. Conhecemos pessoas novas, passamos domingos incríveis pintando paredes e batendo papo. Quando o YouTube surgiu, descobrimos que dava para ensinar na internet todas essas pequenas sabedorias que havíamos trazido do interior, aproveitando ainda nossas habilidades de fotografia e de contar boas histórias.

Assim nascia o Manual do Mundo, um canal de vídeos que ensinava "como sobreviver em um mundo cruel" – frase que a gente usou no começo, mas teve que ser abandonada porque repetia a palavra "mundo", que já era parte do nome do canal.

Além das dicas mais "domésticas", os primeiros vídeos traziam uma série de técnicas de sobrevivência: como acender fogueira usando lupa, dar o nó oito, fazer uma vela com casca de laranja, improvisar uma bússola ou afiar facas. A aventura foi um tema que existiu desde o começo.

Por conta de tudo isso, ficamos maravilhados ao conhecer este livro de Dave Canterbury, e logo quisemos fazer uma parceria, pois ele é um guia avançado de tudo o que gostaríamos de ter aprendido trinta anos atrás. Especialista em sobrevivência, Dave é reconhecido mundialmente como um dos maiores praticantes de bushcraft de todos os tempos.

Bushcraft é a arte de viver de forma integrada com a natureza, aproveitando os recursos que ela oferece de forma consciente e sustentável. E é a isso que nos propomos neste livro: apresentar atividades e técnicas em uma convivência responsável com o mundo natural.

Escrito com base nas experiências e pesquisas de Dave Canterbury, este guia tem diversas instruções testadas e comprovadas, sendo perfeito tanto para quem já gosta de viver ao ar livre quanto para quem está dando os primeiros passos.

Nós dois tivemos o cuidado de adaptar todo o conteúdo para torná-lo acessível, de acordo com a realidade dos leitores brasileiros, contando com o auxílio de profissionais das áreas para checar e validar todas as informações. Inclusive, nossa edição tem um capítulo inteiro voltado para as plantas brasileiras, para que você também possa usufruir da flora nativa caso seja necessário.

Você vai ficar sabendo o que não pode deixar de levar na mochila e vai aprender a se orientar para não se perder na mata, a fazer uma fogueira, a montar um abrigo da melhor forma, criar um kit de primeiros socorros, entre inúmeras outras dicas fundamentais.

Sabemos que muitas palavras novas vão surgir no seu vocabulário. Caso você se sinta perdido entre elas, não deixe de consultar o glossário no final.

Esperamos que, com este livro, você se sinta encorajado a viver novas aventuras, convivendo em harmonia com animais, plantas e amigos, voltando para casa cheio de fotografias incríveis e boas histórias para contar!

Iberê Thenório e Mari Fulfaro

ALERTA

É necessário que você tenha o acompanhamento de um adulto ou seja maior de idade para fazer todas as atividades apresentadas neste livro, pois algumas envolvem trabalhar com facas, machados ou fogo e é preciso cuidado para se guiar no meio das árvores e para identificar corretamente plantas e frutas.

Leia todo o livro *antes* de se embrenhar na natureza, assim você terá uma noção dos principais assuntos antes de se aventurar. Com os ensinamentos deste guia, você estará preparado para diversas situações, mas acima de tudo é fundamental ter bom senso. Se estiver chovendo demais, é melhor simplesmente não entrar na floresta. Se você souber que o lugar tem qualquer perigo, é melhor escolher outro. A ideia não é desafiar a natureza, mas se conectar com ela.

INTRODUÇÃO

"Um homem precisa viajar para lugares que não conhece para romper com essa arrogância que nos faz ver o mundo como o imaginamos, e não simplesmente como é ou pode ser. Que nos faz professores e doutores do que não vimos, quando deveríamos ser alunos e simplesmente ir ver."
— Amyr Klink, *Mar sem fim*, 2000

"Bushcraft" é o termo usado para se referir às habilidades de vida ao ar livre e também é a prática de sobreviver e se dar bem na natureza selvagem. Para ser bom no bushcraft, você precisa dominar um conjunto específico de técnicas para, por exemplo, fazer fogueiras, se orientar, obter alimento, construir abrigos e usar ferramentas tanto modernas quanto primitivas.

Os bons campistas carregam poucos itens e ferramentas essenciais para a vida ao ar livre. Em vez de equipamentos adicionais, levam suas habilidades para criar os objetos necessários com aquilo que encontram na própria natureza. Para se sair bem sem os confortos da cidade grande, é preciso ter determinação. Como qualquer hobby, o bushcraft requer dedicação e conhecimentos que, em certas circunstâncias, podem até salvar sua vida.

Num passado não muito distante, alguns dos homens mais influentes da história viam a vida na natureza como algo sério, não só como passatempo. Eles entravam em contato com o mundo selvagem, conservavam recursos e trabalhavam para preservar as matas. Nos Estados Unidos, Theodore Roosevelt talvez tenha sido o presidente mais ligado à vida na natureza e a sua exploração e preservação. Trabalhando com John Muir, fundador do Sierra Club – uma das associações ecologistas mais importantes dos Estados Unidos –, Roosevelt aprimorou a proteção das maravilhas naturais do país, preservando mais de 86 milhões de campos de futebol de habitat selvagem ao longo de todo o território.

Na década de 1930, os americanos estavam redescobrindo como era passar tempo na natureza e encontrar um alívio do dia a dia na cidade. Autores como Horace Kephart e E. H. Kreps descreveram essa nova febre seguindo os passos de seus antecessores, como George Washington Sears "Nessmuk" – grande inovador na arte de trilhar florestas apenas por prazer, e não para sobreviver. O explorador australiano Les Hiddins, o instrutor canadense de bushcraft e sobrevivência Mors Kochanski e o famoso mateiro e instrutor inglês Ray Mears apresentaram o bushcraft ao público da época.

Por que alguém, nesta era de conveniências modernas e tecnologias incríveis, deixaria para trás o conforto em busca de aventuras potencialmente arriscadas? Existem muitos motivos – e benefícios também. Praticar bushcraft é uma excelente maneira de desfrutar a vida ao ar livre. Se você se sente preso no ambiente urbano, uma boa caminhada é uma forma de se reconectar com a natureza, esquecer os aparelhos eletrônicos e fugir das pressões constantes da sociedade. Além disso tudo, as habilidades aprimoradas na mata podem salvar vidas em desastres e situações de sobrevivência.

Quem melhor descreveu esse benefício foi Nessmuk: "Não entramos nas florestas verdejantes e águas cristalinas para dificultar a vida, mas para facilitá-la." Essa é uma declaração poderosa, especialmente hoje em dia, com tantas comodidades na cidade. Muitos acreditam que, para facilitar, precisamos levar muitos equipamentos e dispositivos, mas a verdade é que você precisa apenas de conhecimento do mundo natural. E este livro transmite esse conhecimento de forma simples e sucinta. Para complementar os ensinamentos destas páginas, é preciso passar um tempo na natureza, ter as próprias experiências no mato. Só assim você obterá seu "Doutorado em Conhecimento Florestal".

Este livro é o companheiro perfeito para quem gosta de viver ao ar livre, mas também para quem está dando os primeiros passos no bushcraft. Foi escrito com base em experiências pessoais, pesquisas e muitos dias e noites nos mais diferentes ambientes e ecossistemas. Você descobrirá tudo que é necessário para fazer suas expedições, desde arrumar a mochila até montar acampamento e escolher ferramentas. Este manual também contém instruções claras para você aprender a se orientar, fazer fogueiras e muito mais. Todas as instruções, dicas e todos os truques foram testados e comprovados. Com eles, você terá as habilidades necessárias para viver e se dar bem na natureza.

Ao aprender sobre os recursos naturais e os objetos que fazem a diferença entre conforto e sofrimento, você poderá viver uma experiência incrível e desfrutar a natureza em estado bruto. Para isso, basta ler este livro, que escrevi inspirado nos meus heróis e mentores do passado, como forma de apresentar uma versão contemporânea do bushcraft, com base na minha experiência.

Dave Canterbury

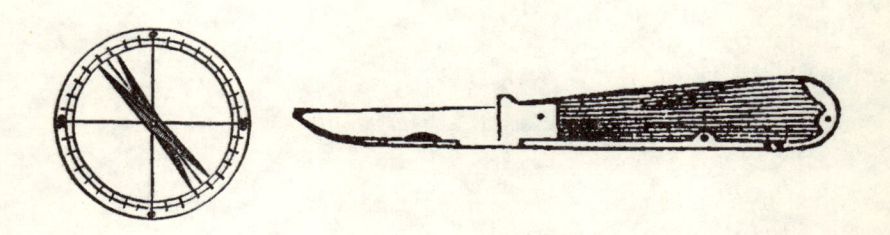

PARTE I
Equipamentos

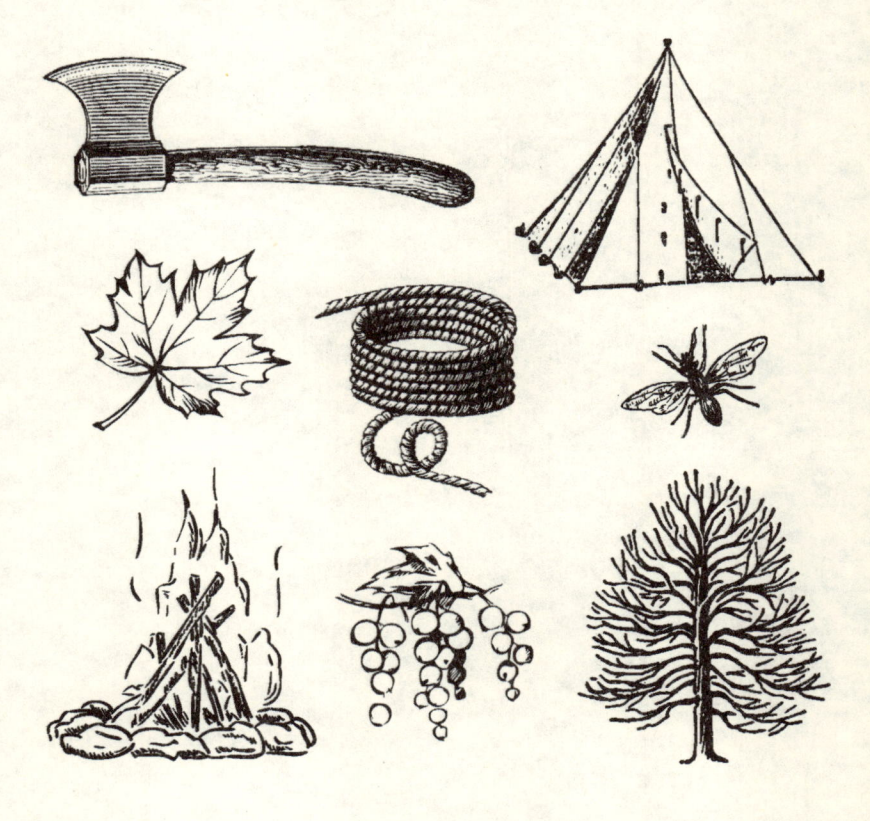

━ CAPÍTULO 1 ━

A mochila e outros itens importantes

"O homem que segue a pé, preparado para acampar em qualquer lugar e em qualquer clima, é o sujeito mais independente do mundo."

— HORACE KEPHART, 1904

O conceito central do bushcraft é a autossuficiência – você deve carregar tudo de que precisa nas costas e preso a você, tudo aquilo que é necessário para se manter ao longo do tempo em que pretende ficar no mato, incluindo itens de emergência.

OS CINCO Cs

Você pode classificar os materiais essenciais do bushcraft de acordo com os **Cinco Cs da Sobrevivência**. Dentro dessas cinco categorias básicas estão todas as ferramentas e todo o conhecimento necessários para lidar com emergências e se tornar independente em ambientes selvagens.

É difícil criar esses itens manualmente com elementos da própria natureza. Junto com roupas e calçados adequados ao clima e com o conhecimento do mundo natural, eles facilitam a organização de uma mochila mais leve e nos ajudam a aproveitar o tempo que ficaremos no mato.

Os Cinco Cs são:

1. Ferramentas de **Corte** para fabricar itens necessários e cortar alimentos;
2. **Cobertura** para criar um microclima de proteção contra intempéries;
3. Dispositivos de **Combustão** para acender fogueiras a fim de preparar comida e medicamentos e se aquecer;
4. **Cantil** ou outro recipiente para transportar água por longas distâncias ou acondicionar comida;
5. **Cordas**, cordeletes ou fitas para amarrar e prender.

Somados ao conhecimento do terreno, os Cinco Cs serão a base do que você vai colocar na mochila. Você também pode acrescentar material de primeiros socorros (veja página 167), de orientação e reparos para facilitar a trilha e o acampamento. Mas será que isso significa que você precisa de uma grande variedade de itens, que você vai sofrer para carregá-los ou que eles serão tão pesados que você vai se arrepender após caminhar algumas centenas de metros no mato? Não! O importante aqui é escolher os equipamentos certos e garantir que eles sejam de qualidade. Além disso, você precisa ter certeza de que eles vão funcionar bem nas várias tarefas em que forem utilizados.

CONTROLE DA TEMPERATURA CORPORAL, CONFORTO E COMODIDADE

O propósito fundamental dos Cinco Cs é ajudar você a controlar a temperatura corporal e ter conforto e comodidade. Ao preparar a mochila ou criar seu kit de acampamento, tenha essas categorias em mente para determinar quais itens são realmente importantes e quais são apenas peso extra. A prioridade do kit é preservar suas funções vitais e sua temperatura corporal em qualquer clima. Por isso, dispositivos de combustão, cobertas, roupas adequadas e recipientes para tratar ou armazenar água serão de suma importância. Esses itens são fundamentais para uma noite de sono confortável. Dormir bem pelo menos cinco horas por noite é crucial para desfrutar o acampamento. (A qualidade do sono é uma boa medida para avaliar o grau de experiência de uma pessoa na floresta.) Itens que trazem comodidade são aqueles que você não precisa colocar na mochila, mas gostaria de levar para tornar as coisas mais agradáveis ou para facilitar algumas tarefas. Quando você pensa no controle da temperatura corporal e no conforto, acaba abrindo espaço para itens de comodidade, pois eles ajudam a proporcionar momentos memoráveis no mato.

COMO CARREGAR SEU EQUIPAMENTO

Agora que já conhece a filosofia a ser adotada para escolher o que vai levar, você precisa de algo para carregar seu equipamento. Hoje em dia existem no mercado muitos tipos e marcas de mochilas e bolsas, com opções de cor e estilo quase infinitas. Evite modelos com muitos bolsos e compartimentos, pois sempre que você procurar um item específico terá dificuldade para encontrá-

-lo. Além disso, bolsos volumosos e coisas amarradas no lado de fora acabam dificultando o deslocamento em trilhas, pois ficam se prendendo em galhos e outros lugares. Siga sempre a filosofia de manter tudo o mais simples possível. Nas próximas seções veremos algumas estratégias para carregar o equipamento: cobertores, mochilas, armações e bornais* (bolsas a tiracolo).

COBERTORES DE LÃ

Você pode optar por usar um cobertor de lã no lugar de um saco de dormir, criando um "rolo de cama". Para isso, precisa de um cobertor de casal 100% de lã e um segundo cobertor de solteiro 100% de lã combinados, sendo este último usado como coberta mesmo. Isso é suficiente até para temperaturas muito baixas.

Você também pode organizar os cobertores numa espécie de "trouxa", onde é possível carregar o resto do equipamento sem a necessidade de uma mochila. Para isso, estenda no chão uma lona de pelo menos 2,5m × 2,5m e dobre-a em três, formando uma superfície de cerca de 2,5m × 0,8m. Em seguida, dobre o cobertor de casal ao meio e o ponha em cima; depois dobre o de solteiro e coloque-o em cima do cobertor de casal. Sobre eles, coloque outros itens de que não precisará imediatamente, pois permanecerão confinados ali até você montar o acampamento. Roupas extras e itens de combustão fácil são itens bons de levar nessa trouxa, pois ficarão secos.

Com a trouxa ainda estirada no chão, dobre ao meio uma corda ou cordelete com cerca de 3,5m de comprimento e posicione-a na extremidade da lona (veja imagem a seguir). Mantenha

---

* Este e outros termos técnicos ensinados no livro podem ser consultados no Glossário, na página 209.

a corda ali e enrole o rolo formado pela lona e os 2 cobertores. Com isso, a corda vai ficar dentro do rolo, com uma dobra em laço saindo de um lado e as duas pontas saindo do outro. Passe as pontas pelo laço e amarre-as uma à outra. Depois prenda o rolo com dois cordeletes e os amarre. Utilizando corda ou cordelete, você pode criar uma alça para carregá-lo ou até duas para levá-lo como se fosse uma mochila. Mas também é possível comprar uma alça de ombro.

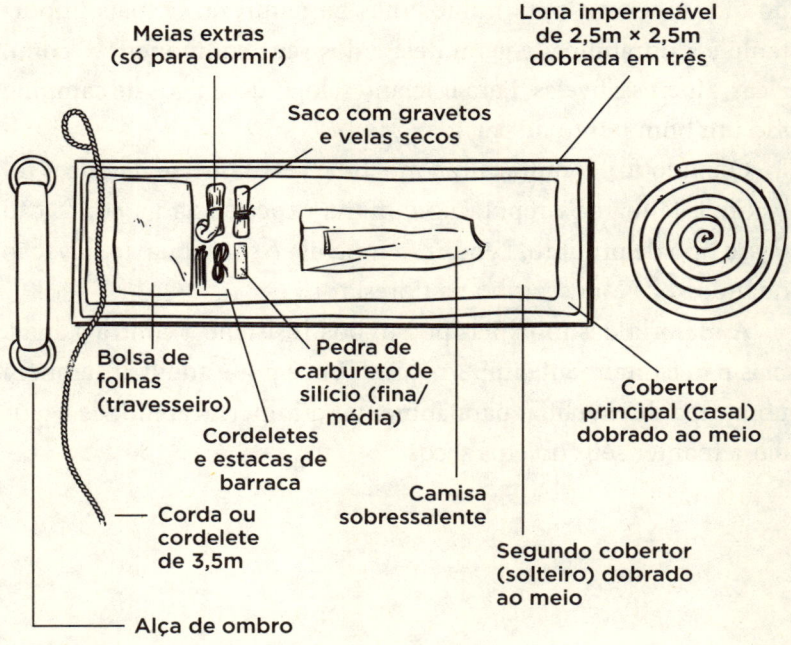

Arrumando o rolo de cama

MOCHILAS

Atualmente existem inúmeros tipos de mochila disponíveis no mercado, incluindo modelos específicos para o público masculino e feminino, que se adaptam melhor ao corpo. Como falei, o excesso de bolsos e compartimentos pode criar problemas. Prefira modelos que tenham um compartimento grande e um par de bolsos externos para acesso fácil a itens importantes ou àqueles utilizados com frequência. Uma mochila de 35 a 50 litros é mais do que suficiente para muitos dias na natureza. O mais importante é a durabilidade geral dela e dos seus componentes, como alças, zíperes e fivelas. Para iniciantes, lojas de artigos de camping são um bom ponto de partida.

Quando for comprar uma mochila, certifique-se de que o fabricante tenha boa reputação e muita experiência na confecção desse tipo de produto. Lembre: a mochila é sua tábua de salvação quando você está sozinho na floresta.

A maioria das mochilas possui boa resistência contra a água, mas não é totalmente impermeável. Você pode adquirir também uma capa de mochila, para aumentar a impermeabilidade e ajudar a manter seus objetos secos.

ARMAÇÕES

Armações são uma alternativa a considerar para carregar seu equipamento, caso você precise improvisar algo em substituição à mochila. Você pode usá-las de forma isolada ou combiná-las com outros itens. Hoje em dia sua versatilidade foi praticamente esquecida. A armação mais popular é a **armação Roycroft**, batizada em homenagem ao aventureiro Tom Roycroft. Em resumo, trata-se de um triângulo simples que pode ser construído em pouco tempo e durar muitos anos se as amarras forem bem-feitas e a madeira for boa. Para criar esse tipo de armação, primeiro corte três pedaços de madeira e siga estas instruções:

1. Corte uma ripa horizontal de madeira com comprimento de cerca de 5cm a mais que sua região lombar (ou o comprimento da sua axila até o seu pulso com o braço esticado).
2. Corte dois pedaços do comprimento do seu braço da axila até a ponta dos dedos esticados ou de um comprimento até 50% maior que esse. As duas partes precisam ter o mesmo tamanho.
3. Com uma amarra paralela (veja amarras na página 77), una cada extremidade do pedaço mais curto a uma das extremidades dos pedaços mais longos. Essas amarras devem ser feitas a cerca de 3cm de cada extremidade do pedaço mais curto. Depois cruze essas madeiras maiores num ponto a 10cm do seu topo e faça uma amarra diagonal para criar um triângulo (confira a ilustração a seguir).
4. Quando concluir a armação, faça sete ajustadores para amarrar equipamentos a ela, usando corda ou cordelete e nó boca de lobo (veja ajustadores e nós no Capítulo 3). Para fixar a Roycroft ao seu corpo, prenda uma corda de 4m no topo da armação, onde as madeiras se cruzam, com um nó

boca de lobo. Depois amarre a corda em cada uma das pontas da ripa horizontal, na parte lombar, e prenda-a na cintura para firmá-la.

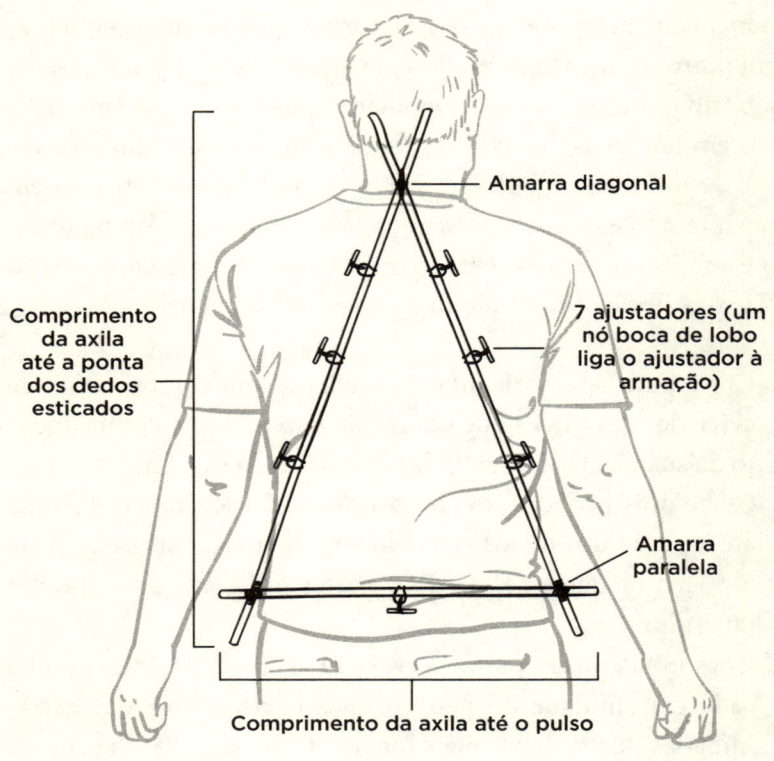

Armação Roycroft

Uma vantagem dessa armação é que ela não tem barras transversais na estrutura do triângulo, que fariam pressão nas suas costas, provocando desconforto com o passar do tempo. Para embalar a Roycroft, você pode usar um método parecido com o do preparo de um rolo de cama (cobertor de lã). Mais uma vez, use a lona impermeável como proteção externa. Dobre-a em torno da armação, de modo que se forme um pacote que evite a entrada de água em caso de chuva. Amarre esse pacote à armação com 2 cordeletes na diagonal se cruzando como um X para manter a lona fechada. Usando outros cordeletes, prenda as pontas superiores do X ao topo da armação com um nó de correr com trava (veja página 72) ou outro nó parecido. Para manter mais firme, você também pode usar correias como as de mochila.

BORNAIS (BOLSAS A TIRACOLO)

O **bornal**, um tipo de bolsa que se leva a tiracolo, tem apenas uma alça diagonal e é usado para carregar itens importantes ou coletados na mata. Pode ter diversos tamanhos; escolha o seu de acordo com a quantidade de equipamentos que pretende carregar. Geralmente é feito de tecido ou couro, mas também há versões de materiais impermeáveis. Nunca deixe seu bornal totalmente lotado, pois você pode precisar de espaço para guardar itens que encontrar pelo caminho, como materiais para iniciar uma fogueira (gravetos ou palha) e frutas.

> **DICA DE BUSHCRAFT**
>
> Em geral, o praticante de bushcraft guarda seu kit de fogueira numa pochete impermeável, junto com uma faca ou um canivete. É como se a pochete fosse sua carteira, usada para carregar os itens mais importantes de que você pode precisar, sobretudo se tiver deixado suas coisas no acampamento ou perdido seus mantimentos. O tamanho varia de acordo com o gosto, mas evite modelos grandes, pois podem ficar pesados a ponto de atrapalhar a caminhada.

KIT PARA O VIAJANTE A PÉ

Depois de escolher sua mochila (ou a combinação de diferentes tipos de mochilas e bolsas), você precisa decidir o que colocar nela. A seguir, faço uma lista de alguns equipamentos úteis. Está longe de ser completa, mas serve como referência para garantir que você tenha o essencial ao entrar na mata. Não se preocupe se não reconhecer alguns objetos ou não souber para que servem – explicarei tudo ao longo do livro.

BOLSOS
- ❏ Canivete
- ❏ Bússola
- ❏ Isqueiro ou fósforos protegidos da umidade

CINTO
- ❏ Faca com bainha
- ❏ Caneca com mosquetão

POCHETE
- ❏ Óculos de sol
- ❏ Pederneira
- ❏ Isqueiro ou fósforos sobressalentes
- ❏ Canivete para entalhar
- ❏ 3m de cordelete de nylon de 6mm

BORNAL
- ❏ Poncho impermeável ou capa de chuva
- ❏ Bandana
- ❏ Cordelete
- ❏ Pederneira sobressalente

MOCHILA

- ❏ Lona impermeável de 2,5m × 2,5m
- ❏ Saco plástico de lixo grande (200 litros)
- ❏ Cobertor de lã de solteiro
- ❏ Cobertor de lã de casal (ou saco de dormir)
- ❏ Machadinha
- ❏ 1 carretel de corda de nylon de 6mm
- ❏ Serra dobrável ou arco de serra de 50cm
- ❏ Panela para acampamento
- ❏ Frigideira
- ❏ Capa de mochila
- ❏ Lanterna com pilhas reservas
- ❏ Caderno e lápis
- ❏ 2 ou 3 cordas de sisal de 1,5cm de diâmetro
- ❏ Kit de amolar lâminas
- ❏ 3m de corda de nylon de 8mm
- ❏ 1 afiador diamantado (placa ou chaira)
- ❏ 1 pedra de afiar pequena

DICAS E TRUQUES PARA SABER O QUE LEVAR

1. Experimente seu kit antes de se embrenhar no mato por muito tempo: passe uma noite na natureza e, quando voltar, reavalie o que não usou. Se perceber que certos objetos não são imprescindíveis, não os leve da próxima vez. Se só descobrir que realmente precisa deles quando já estiver no mato, você poderá reincluí-los na mochila na próxima vez.
2. Pense em usos alternativos para o que estiver levando. Em geral, cada item deve ter três usos distintos, mas quanto mais utilidades você descobrir, menos itens terá que levar nas próximas vezes.

3. Sacos impermeáveis de 5 a 10 litros são sempre úteis, tanto para separar o que não deve ficar junto quanto para proteger da água itens essenciais do equipamento. Também servem como recipientes para armazenamento de água antes e depois de ferver ou coletar água da chuva.

CAPÍTULO 2

Ferramentas

"Antigamente, o machado e a faca eram ferramentas indispensáveis. Com a faca, as pessoas faziam colheres, vassouras, ancinhos e tigelas e cumpriam as tarefas na cabana ou no terreno em torno dela."

– Philip D. Fagans, 1933

Ferramentas de qualidade e bem conservadas são a diferença entre um passeio agradável e confortável e uma incursão malsucedida – ou até perigosa – na natureza. No Capítulo 1 mencionamos as ferramentas de corte como um dos Cinco Cs. Isso significa que elas são essenciais para o bushcraft. Existem muitas opções de facas, serras e machados, por isso este capítulo lhe ensinará a fazer as melhores escolhas de acordo com suas necessidades e seu destino.

Cuidar bem das ferramentas também é uma habilidade crucial que deve ser dominada. Não basta levá-las na mochila; a manutenção adequada garante sua longevidade e sua durabilidade. Outra questão fundamental é o manuseio seguro e adequado. Neste capítulo você vai aprender a afiar lâminas, cortar lenha e fazer tudo o mais necessário para se tornar um mateiro, sempre tomando cuidado consigo mesmo e com outras pessoas.

FACAS

A faca de cintura é a ferramenta mais importante de qualquer mateiro, por isso você deve mantê-la presa diretamente ao corpo para evitar perdê-la. Em caso de emergência, você poderá usá-la para recriar diversos itens de que precisa, como utensílios de cozinha, por exemplo.

Assim, a pergunta fundamental é: qual é a faca perfeita? Pela minha experiência, geralmente é aquela que você tem à mão quando surge a necessidade, mas aqui vamos avaliar as qualidades de uma boa faca, que será bastante útil em suas atividades no mato.

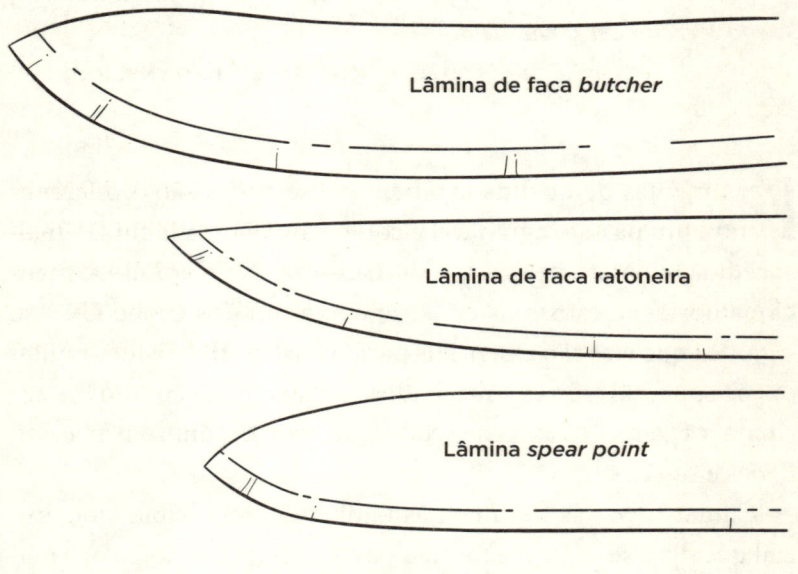

Lâminas de facas básicas

Comece observando o comprimento da lâmina. Uma pequena demais dificulta o corte de lenha se você não tiver um machado à mão. Uma grande demais dificulta entalhes mais delicados.

O meio-termo ideal é um comprimento entre 11cm e 15cm. Hoje em dia, são preferíveis facas com lâminas de aço-carbono, como o aço 1095 e o aço O1, pois são excelentes ferramentas para acender fogueiras, capazes de gerar uma chuva de faíscas. Você pode usá-las em conjunto com uma pedra dura – como quartzo ou ferrocério – para colocar fogo em tecidos ou materiais carbonizados, especialmente se seu método favorito de acender fogueiras não estiver funcionando ou não estiver disponível. O dorso da lâmina – a parte oposta ao fio de corte – deve ter bordas bem definidas num ângulo de 90°; evite levar facas com dorso arredondado ou chanfrado. O ângulo reto facilita a produção de fagulhas ao usar a pederneira.

Atualmente, muitas facas possuem revestimentos que evitam a ferrugem. Evite esse tipo, pois dificulta o acendimento de fogueiras. É melhor simplesmente cuidar bem da lâmina para que não enferruje.

Sua faca de cintura deve ser *full tang*. Nesse tipo, a lâmina é uma peça inteiriça e o cabo está preso por um pino ou parafuso. Isso é muito importante, pois o corte de lenha vai exigir bastante da faca, sobretudo quando o dorso dela for usado para batonar madeira (veja páginas 39-41). A faca de cintura é fundamental e você deve reservar uma boa parte do seu orçamento só para essa ferramenta.

> ### DICA DE BUSHCRAFT
>
> O **desbaste da faca**, ou o formato do fio de corte da lâmina (o gume), é outra questão de preferência pessoal. Os principais tipos de desbaste são:
>
>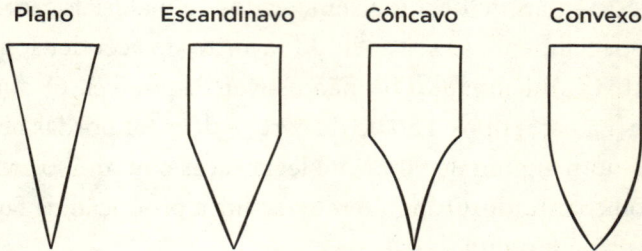
>
> **Tipos básicos de desbaste de faca**
>
> É mais fácil amolar rapidamente os desbastes **plano** e **escandinavo**. Eles são de longe os melhores para trabalhos delicados de raspagem e entalhe. O desbaste **côncavo** tem um gume muito afiado, mas é o mais suscetível a danos, porque a lâmina é fina. O desbaste **convexo** é o mais resistente e o melhor para corte; contudo, é mais difícil mantê-lo afiado, não sendo tão bom para tarefas mais delicadas.

CANIVETES

Muitos tipos de ferramenta se enquadram na categoria de canivetes, desde os suíços até os multifuncionais. É importante entender o que um canivete pode fazer por você no mato e, com base nisso, escolher um modelo que tenha as funções de que você precisa. Ao optar por um tipo, pense nele, antes de tudo, como uma faca.

O principal problema da maioria dos canivetes multifuncionais é que, embora sejam muito úteis em relação às outras ferramentas, sua funcionalidade como faca é bastante reduzida, pois costumam ser menores e mais frágeis do que um modelo dobrável tradicional, além de muito menos úteis. Apesar disso, alguns canivetes suíços possuem boas lâminas e contam com outras ferramentas que podem ser proveitosas, como minitesoura, chave de fenda, alicate, etc.

Uma alternativa aos canivetes são as facas de camping, que têm uma lâmina menor, bastante útil para tarefas mais delicadas.

FORMAS SEGURAS DE UTILIZAR FACAS

Depois de escolher sua faca, é essencial aprender a manuseá-la com segurança. A última coisa que você quer é se ferir (ou ferir outra pessoa) por descuido.

O TRIÂNGULO DA MORTE
Trata-se da região da parte superior das pernas: coxas, virilha, órgãos sexuais e artérias femorais. Quando estiver com uma lâmina exposta, evite a todo custo aproximá-la dessa área. Nunca corte nem segure objetos que serão cortados ou entalhados perto dessa parte do corpo.

> **DICA DE BUSHCRAFT**
>
> Se não estiver sozinho na mata, sempre que for usar qualquer tipo de faca, calcule o "**círculo de sangue**": uma área de 360° ao seu redor, mais longa do que o comprimento de um braço. Sempre leve em conta essa área ao cortar algo, pois você pode acabar ferindo alguém sem querer.

DICAS DE SEGURANÇA IMPORTANTES
Em atividades na mata, é fundamental usar a faca de forma segura. A seguir destacamos algumas regras de segurança que devem ser observadas:

- Mantenha a lâmina sempre limpa e guarde-a imediatamente na bainha quando não for mais usá-la.
- Nunca a coloque no chão ou sobre outro equipamento.
- Sempre segure a faca com firmeza pelo cabo, como se cerrasse o punho; isso não só proporciona alavancagem e controle como também elimina qualquer chance de encostar no gume sem querer.
- Se precisar segurar na lâmina para fazer um entalhe mais delicado, use luvas de couro.
- Ao manejar a faca, faça sempre movimentos para baixo e para fora, nunca em direção ao próprio corpo.
- Nunca corte galhos e pedaços de madeira apoiados diretamente no solo.

Com a prática, você aprende a usar a faca com mais desenvoltura, mas nunca substitua a cautela por displicência. Uma faca afiada é, com o perdão do trocadilho, uma faca de dois gumes: capaz dos entalhes mais delicados, mas também de provocar um ferimento profundo e letal.

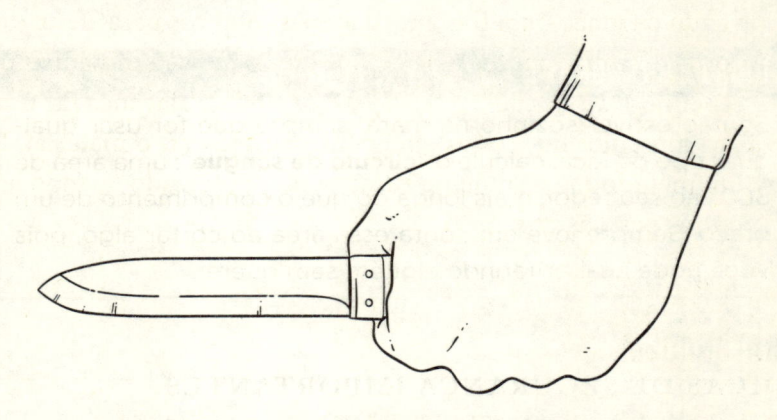

Forma segura de empunhar uma faca

Existem duas boas maneiras de aumentar a eficiência e o controle da faca de cintura, eliminando o risco de se cortar:

1. **A alavanca de joelho.** Agache-se e apoie apenas um dos joelhos no chão. Posicione o braço que segura a faca junto à perna do joelho que não está apoiado, de forma que seu pulso fique na altura do joelho, travado, mantendo o gume virado para longe da sua perna. Deixando a faca imóvel, mexa apenas a mão que empunha o objeto a ser cortado, friccionando-o contra a lâmina para tirar lascas ou entalhar. Esse método é ótimo para cortar grandes quantidades de madeira, bem como para fazer estacas de barraca e entalhes mais delicados.
2. **A alavanca de peito.** Segure firme a faca com o gume virado para fora (por exemplo, se a estiver segurando com a mão direita, o gume deve ficar voltado para longe de você, para a direita). Em seguida, apoie o punho cerrado no centro do peito e posicione o braço que segura o objeto a ser cortado na mesma altura. Curve o seu tronco um pouco para a frente, inclusive os ombros, e mova simultaneamente o objeto e a lâmina, levando o tronco para trás e recuando os ombros para efetuar o corte. A seguir, curve-se de novo e faça o mesmo movimento, repetindo até concluir o serviço. Esse tipo de alavanca faz uso dos músculos das costas para controlar e cortar o material. É um método especialmente eficaz para ser utilizado quando há outras pessoas por perto.

BATONAGEM

A **batonagem** é um método de cortar e partir madeira; você usa um bastão ou um pedaço de madeira para bater no dorso da faca e fazê-la atravessar parcial ou totalmente um pedaço de madeira. Essa técnica é especialmente eficaz para cortar madeira úmida e expor a parte interior seca, que poderá ser usada para fazer fogo.

Para batonar da forma correta, você precisará de um bastão, em geral uma ripa de madeira do tamanho aproximado da distância da sua axila até a palma da sua mão com o braço esticado. Cuidado com madeiras macias, pois podem acabar quebrando e as lascas podem ferir seu olho. Se possível, coloque o material a ser batonado numa superfície plana, assim você terá uma base firme e evitará que a lâmina se choque por acidente com terra ou pedras que estejam sob o material. Posicione a madeira com o lado a ser cortado voltado para cima, em seguida posicione a lâmina no ponto que você deseja cortar. Então golpeie o dorso da faca com o bastão. Isso fará a madeira se partir no local certo.

DICA DE BUSHCRAFT

Madeiras com muitos nós, mais irregulares, tendem a se partir de forma desigual com um corte reto; você pode compensar isso inclinando a lâmina da faca enquanto batona. Se não partir a madeira com o primeiro golpe, talvez você precise bater de novo com o bastão, acertando-o mais para a ponta da faca, ainda no dorso. Esse é mais um motivo para você ter uma faca de qualidade, que seja bem resistente.

Nunca tente batonar uma madeira cujo diâmetro seja maior que o comprimento da faca, mesmo que só 1cm. O ideal é que o diâmetro seja pelo menos 2cm menor que o comprimento da lâmina. Caso se depare com um nó ou algo que prenda a lâmina, posicione uma cunha sobre a faca e a golpeie com o bastão (leia mais sobre cunhas na página 62). Dessa forma, você soltará a lâmina e, possivelmente, partirá a madeira por inteiro.

Bastão que bate na faca

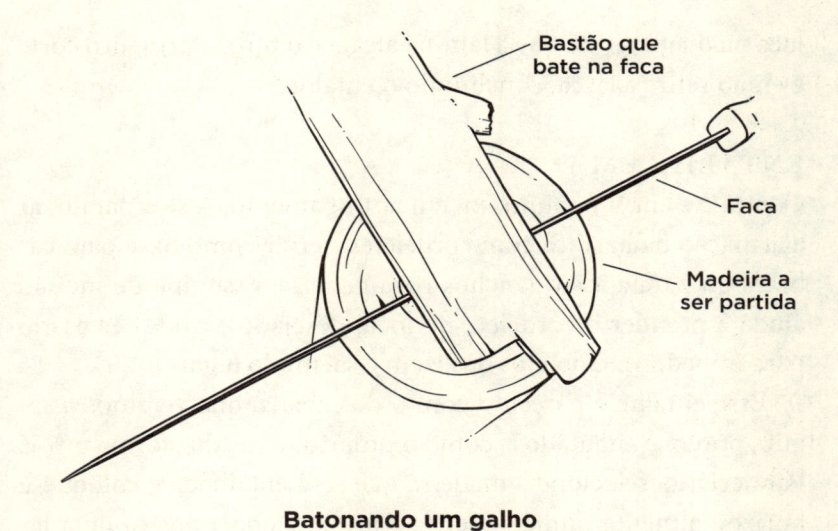

Faca

Madeira a ser partida

Batonando um galho

ENTALHES

A capacidade de fazer certos tipos de entalhe em madeira é importante em diversos momentos na sua incursão na natureza. Veja a seguir os quatro entalhes mais úteis (confira as imagens na página 44):

ENTALHE DE ESTACA
Como o próprio nome diz, um dos usos do **entalhe de estaca** é fazer estacas para uma lona de abrigo. Segure a madeira e escolha o local do entalhe. Posicione a madeira numa superfície sólida e horizontal e batone a faca para fazer um corte vertical na madeira até o ponto desejado. (Lembre-se de cortar só entre um terço e metade do diâmetro, para não correr o risco de o material se partir depois.) Em seguida, retire a faca e a posicione em outro ponto da madeira a cerca de 3cm do corte já feito. Incline-a num ângulo de 45º, apontando o gume para a fenda vertical. Batone a

faca na diagonal até que a lâmina alcance o fim do primeiro corte e então retire a lasca, concluindo o entalhe.

ENTALHE EM V
O **entalhe em V** é muito útil em acampamentos – seja para fixar a armação da barraca com cordeletes, servir como base para cabides ou para apoiar ganchos para panelas. Esse tipo de incisão ajuda a prender o cordelete no local desejado e pode ser usado para impedir que objetos deslizem e saiam do lugar.

Esse entalhe é parecido com o de cabana, que veremos a seguir, porém é angulado e, como o próprio nome diz, forma um V. Para criá-lo, selecione a madeira que será entalhada e coloque-a horizontalmente numa superfície firme. Depois posicione a lâmina num ângulo de 45° e batone a faca até que ela penetre entre um terço e metade do diâmetro da madeira – a profundidade vai depender do uso que você dará para o entalhe. Em seguida, posicione a lâmina alguns centímetros para o lado novamente num ângulo de 45°, mas inclinando a faca no sentido oposto, de modo que, ao batonar, os dois cortes formem um V. Então retire a lasca para criar o buraco do entalhe.

ENTALHE DE CABANA
O **entalhe de cabana** é usado principalmente para construção, para montar abrigos ou até mesmo cabanas. Para criá-lo, batone a faca para fazer dois cortes verticais. A distância entre os cortes e a profundidade deles vai depender do tamanho da peça que se deseja encaixar no entalhe. Vá raspando para retirar a madeira entre os dois cortes usando uma faca ou uma cunha pequena, até que o entalhe fique perfeito.

Caso o encaixe não fique preciso de primeira, você pode cortar mais um pouco da madeira, trabalhando até ficar satisfeito, mas lembre que não é possível acrescentar madeira ao entalhe se cortar demais – portanto, tenha cautela e, na dúvida, corte madeira a menos. Meça duas vezes com atenção antes de cortar.

ENTALHE DE GANCHO

O **entalhe de gancho** é útil para fazer ferramentas de cozinha. Uma de suas utilidades é pendurar panelas que possuem uma alça curva fina que pode ser levantada, um tipo muito usado em acampamentos. Esse entalhe é um pouco mais complicado, mas você pode aprender a fazê-lo seguindo estas instruções e observando o resultado final na ilustração a seguir.

Comece fazendo dois cortes horizontalmente em X até cerca de um terço do diâmetro da madeira. O X serve de guia: as pernas de baixo da letra formam uma espécie de seta para cima, um indicativo de onde ficará a ponta aguda do entalhe, na qual ficará pendurada a panela ou outro utensílio. Essa parte de baixo do X será a única não cortada, todo o restante será escavado.

Com o auxílio de uma alavanca de joelho (veja página 39), vá retirando a madeira da parte de cima do X e de seus ângulos laterais, escavando inclusive sob a parte de baixo do X que ficou intacta, mas deixando casca e madeira interna suficiente para que a metade inferior se mantenha firme e aguente peso. Se o entalhe for feito corretamente, permitirá que você prenda nele a alça de uma panela, por exemplo.

Para manter a panela pendurada acima do fogo, primeiro crie um suporte. Pegue uma madeira comprida e apoie suas extremidades na horizontal em alguma superfície escavada, prenda-as com alguma amarra ou encaixe-as no entalhe de outra madeira. Depois pegue a vara onde você fez o entalhe de gancho para pendurar a panela e faça outro entalhe de gancho, dessa vez com a ponta da "seta" virada para baixo. Com esse novo entalhe, você conseguirá apoiar a vara no suporte horizontal.

Caso queira ajustar a altura da panela, basta fazer outros entalhes do tipo. Assim, dependendo da cavidade em que pendurar a vara entalhada na vertical, você afastará ou aproximará o recipiente das chamas (veja exemplos alternativos na página 87).

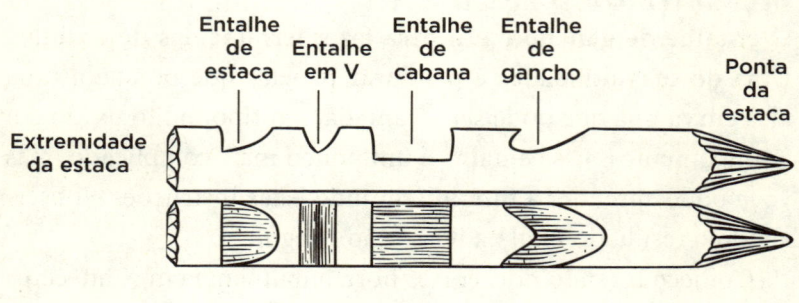

Entalhes básicos

CORTE DE RASPAGEM

No **corte de raspagem**, a madeira é raspada com a faca. Para realizá-lo, é necessário contar com uma espécie de bigorna feita de madeira, para garantir que o material cortado esteja firme e não se mova.

Para criar uma bigorna numa árvore caída, faça nela um grande entalhe de cabana e use a superfície plana. Desse modo, você não colocará a madeira a ser cortada numa superfície curva. Também é possível usar um toco de árvore já cortada, caso você encontre um. Nunca corte ou derrube árvores da vegetação nativa, pois é proibido por lei.

Cortes de raspagem podem ser muito úteis para tirar um pedaço da casca da árvore ou fazer um cavaco (isca para fogueira), com lascas curvas e bem finas.

COMO REMOVER A CASCA DA ÁRVORE

Muitas vezes é necessário tirar um pedaço da casca de uma árvore, seja para fazer um chá, seja para usar sua parte interna para acender uma fogueira. Para remover a casca, coloque o tronco ou galho caído apoiado numa bigorna ou outra superfície firme e use o dorso da faca para raspá-lo. Para fazer lascas mais finas da parte interna da casca, de madeira resinosa e de fungos, você pode usar a mesma técnica, ajustando a pressão e o ângulo de raspagem.

> **DICA DE BUSHCRAFT**
>
> O dorso da faca também é um recurso, e todo recurso deve ser bem conservado — nunca se sabe quando pode surgir uma emergência que o impeça de voltar para casa no momento planejado. É sempre bom ter uma faca com dorso de 90° para facilitar a remoção de cascas de árvores ou o corte de madeira resinosa.

CAVACOS

Cavacos (lascas de madeira) podem ser usados para acender fogueiras mais rápido (veja ilustração na página 140). Eles aumentam a área de superfície com que a chama entra em contato, aumentando a probabilidade de o fogo acender. Para criá-los, use madeiras macias, que são mais inflamáveis por serem menos densas.

Apoie a madeira na diagonal na bigorna ou em outra superfície sólida, de forma que não deslize, e segure a faca com firmeza, com o gume virado para a frente. Encoste o gume na madeira e comece a raspá-la para baixo. Se a madeira não for tão grande, também pode-se usar a alavanca de joelho (página 39). Controlando o ângulo da raspagem, você pode criar lascas especialmente finas, deixando-as mais ou menos do tamanho de um palito de fósforo, o tamanho ideal para que o fogo pegue mais facilmente.

Faça vinte cavacos e coloque-os na base da fogueira. Com isso, você precisará usar a chama do isqueiro ou do fósforo por menos tempo. Via de regra, você nunca deve precisar de mais do que cinco segundos de chama para conseguir acender o fogo, pois os cavacos ajudarão nessa tarefa.

COMO CUIDAR DA SUA FACA

É muito importante que você mantenha sua faca afiada e a manuseie com respeito. Ela está entre as ferramentas mais importantes de um praticante de bushcraft.

PROTEÇÃO

Proteger sua faca significa cuidar dela para que não enferruje. A melhor maneira de fazer isso é limpar e secar a faca com uma peça de roupa ou um lenço de algodão antes de guardá-la na bainha após o uso. Lubrificar a superfície metálica também ajuda a lâmina a repelir água e a protege contra ferrugem. A escolha do lubrificante depende muito de como você pretende usar a lâmina. Eu aplico azeite porque não quero cortar alimentos com uma faca que pode estar contaminada por produtos à base de petróleo. Mas, se você não pretende usá-la para comida, lubrificantes de máquina vão protegê-la bem.

BAINHA

Existem muitos tipos de **bainha** no mercado. Os dois materiais mais comuns são o couro e o Kydex.

O couro é a escolha tradicional. A maior vantagem dele é que conserva a lubrificação. A maior desvantagem é que, quando fica saturado de água, retém umidade por muito tempo. Para evitar que isso aconteça, ou pelo menos retardar esse processo, quando estiver em casa, deixe a bainha mergulhada em azeite por cerca de 24 horas e depois deixe o azeite escorrer até secar antes de usá-la. Ou você pode passar cera de abelha na bainha e então aquecer o couro perto do fogo ou de outra fonte de calor. Isso força a cera a se impregnar nos poros do couro.

A maior vantagem do Kydex – um termoplástico – é que ele seca bem se for fabricado da forma correta e é praticamente indestrutível. Sua desvantagem é que o encaixe estreito cria um espaço apertado e rígido para a faca, e com isso detritos podem ficar presos dentro da bainha e arranhar a lâmina. O Kydex segura sua faca muito bem, evitando que você a perca; se preferir uma bainha de couro, compre uma que tenha uma aba que feche com um botão de pressão e mantenha a faca bem presa o tempo todo.

COMO AFIAR A FACA

Afie a faca regularmente para evitar que ela perca o fio. Uma faca cega é pior do que inútil: é mais perigosa, pois é mais difícil controlá-la. Um dos principais indicadores do seu nível de habilidade no bushcraft é a afiação da faca.

Pedras de afiar

A **pedra de afiar** é uma ferramenta usada para remover metal da lâmina e retomar o corte. É o método mais antigo de afiar ou recuperar o fio de uma faca. Qualquer processo de afiação envolve alguns passos, inclusive a amolação, que trata de desentortar o fio para que ele volte a ficar reto e cumpra satisfatoriamente sua função.

Primeiro você deve saber que o ângulo ideal de afiação varia de acordo com o ângulo do plano de desbaste ou bisel da lâmina (área que vai do dorso até o fio), que geralmente fica entre 10º e 20º.

O processo é dividido em cinco partes:

1. Afiação áspera
2. Afiação média
3. Afiação fina

4. Amolação
5. Afiação com *strop*

Um fabricante de facas me disse certa vez que você deve "afiar sua faca uma vez e depois amolá-la de tempos em tempos". Embora isso seja verdade, lembre que cada passo do processo de afiação usando abrasivos ásperos, médios ou finos remove metal da lâmina.

> **DICA DE BUSHCRAFT**
> A maioria das pedras de afiar é usada com óleo como lubrificante, mas a água é um substituto muito bom em trilhas e acampamentos. Portanto, tenha em mente que, quando você comprar uma pedra nova, se aplicar óleo nela uma vez, nunca mais poderá usar água.

As pedras de afiar variam em relação ao grão – que pode ser áspero, médio ou fino – e geralmente são numeradas de acordo com a aspereza. (Quanto maior o número, mais fino o grão.) Por exemplo, uma pedra de grão 800 é considerada áspera, sendo usada somente para a remoção pesada de metal, como rebarbas grandes (um pedaço fino de metal que fica para fora da linha do gume). Uma de grão 3.000, por outro lado, é ultrafina e serve para fazer o acabamento final e também amolar a faca. Em geral, uso pedras de grão entre 1.000 e 1.200 para afiações de rotina e em seguida utilizo um bom *strop*.

Antes de começar, deixe a pedra mergulhada em água por um tempo, permitindo que todos os seus poros sejam preenchidos. Depois coloque-a numa superfície plana ou crie um suporte de madeira para mantê-la nivelada. Você também pode usar pregos pequenos para deixá-la temporariamente presa em uma superfície plana que criou num tronco ou toco de árvore. Quando a pedra estiver posicionada, arraste a lâmina da faca nela desde a área mais próxima do cabo até a ponta, mantendo o mesmo ângulo durante todo o movimento.

Antes de afiar uma faca, observe bem o estado dela. Se usar uma pedra áspera demais, desperdiçará um recurso ao remover da lâmina mais metal do que é preciso, causando um desgaste desnecessário. Se cuidar bem da lâmina, você nunca precisará fazer os dois primeiros passos, apenas os três últimos – **afiação fina, amolação** e **afiação com *strop***. Pedras de afiar formam uma rebarba; para removê-la, será necessário fazer o mesmo número de movimentos nos dois lados da lâmina.

A regra geral aqui é que você deve fazer o dobro de movimentos a cada passo: se fizer vinte movimentos por lado na afiação fina, precisará fazer quarenta por lado na amolação e oitenta no *strop*. Depois que obtiver um bom acabamento espelhado, a lâmina deverá estar boa e afiada caso o ângulo tenha se mantido correto e igual ao longo do processo.

Lembre de sempre deixar as pedras em água antes de usá-las. Embora os óleos tenham sido o padrão em campo durante muitos anos, eles entopem os poros da pedra e dificultam a limpeza dos materiais metálicos. A água reduz esse problema e as pedras podem ser simplesmente enxaguadas. Uma camada fina de azeite ou gordura animal manterá a lâmina protegida depois de amolada.

Placa e chaira diamantadas
Atualmente, muitas pessoas usam uma **placa diamantada** ou uma **chaira de diamante** para afiar facas, embora a maioria dos instrumentos revestidos com esse material seja semelhante a uma pedra de grão médio a fino. Eu as usava com frequência em campo para afiações rápidas. Elas são fáceis de transportar, deixam a lâmina bastante afiada para suas necessidades em campo

e não ocupam tanto espaço quanto várias pedras. Ao escolher placas ou chairas de diamante, você perde qualidade na hora de amolar, mas pode afiar a lâmina com um *strop*. Um bom meio-termo é levar uma pequena pedra de grão fino e uma chaira, e depois usar o *strop*.

Chaira de cerâmica
É uma ferramenta de amolação, usada para fazer o acabamento fino da lâmina removendo as rebarbas criadas na afiação, numa etapa anterior à finalização com *strop*. Você também pode amolar com essa chaira sem afiar antes caso costume cuidar bem da faca. Não é uma ferramenta fundamental, mas uma chaira pequena, do tamanho de um lápis, ocupa pouco espaço na mochila. Tanto em casa quanto no mato, ela proporciona um fio extremamente afiado em qualquer época do ano.

Amolar com chaira de cerâmica é como amolar com uma pedra, mas a superfície de contato é muito menor, porque a chaira é arredondada, parecendo um espeto.

Strop
É uma ferramenta que consiste em uma cinta de couro ou uma tira de couro fixa numa base com cabo. Afiar com *strop* é o ato de polir a lâmina, sendo o último passo para obter um gume afiado. Se a faca é afiada com frequência, basta usar o couro para recuperar o fio rapidamente. Em campo, um bom cinto de couro funciona como *strop*. Passe a lâmina delicadamente pela cinta, com a faca quase na horizontal: primeiro para a frente, com o gume virado para você, depois para trás, com o gume voltado para longe de você.

SERRAS

Outra ferramenta de corte essencial é a **serra**. Assim como no caso das facas, existe uma grande variedade de serras disponível.

SERRA DOBRÁVEL
Existem muitos tipos de serras dobráveis no mercado. São muito úteis por serem leves, compactas e relativamente baratas, além de mais seguras e precisas que o machado – a menos que você seja muito habilidoso com o machado. Com a serra você não precisa batonar na hora de fazer entalhes, e ela é a melhor ferramenta para cortar galhos.

ARCO DE SERRA
O **arco de serra** (segueta) é uma ferramenta formada por uma armação tubular de metal rígida meio curva e uma lâmina presa às suas extremidades. Ele mede de 30cm a 75cm e é útil para muitas tarefas, como cortar madeira verde e metal ou aparar madeira seca. Só carregue um se estiver planejando uma excursão mais longa (de pelo menos uma semana) numa área em que talvez precise cortar madeiras maiores. Não subestime o poder de um bom arco de serra; com ele, em pouco tempo você consegue fazer uma grande pilha de lenha.

    Eu costumo levar comigo um arco de serra de 50cm de lâmina (e 60cm no total), pois prefiro que minhas ferramentas maiores tenham um tamanho próximo à largura do meu rolo de cama, ou aproximadamente o comprimento da minha axila até a palma da minha mão. O arco de serra é ótimo para remover galhos e a melhor ferramenta para cortar madeira para lenha a partir de uma árvore caída.

Bom

Observe a proporção entre A e B

Ruim

Arcos de serra

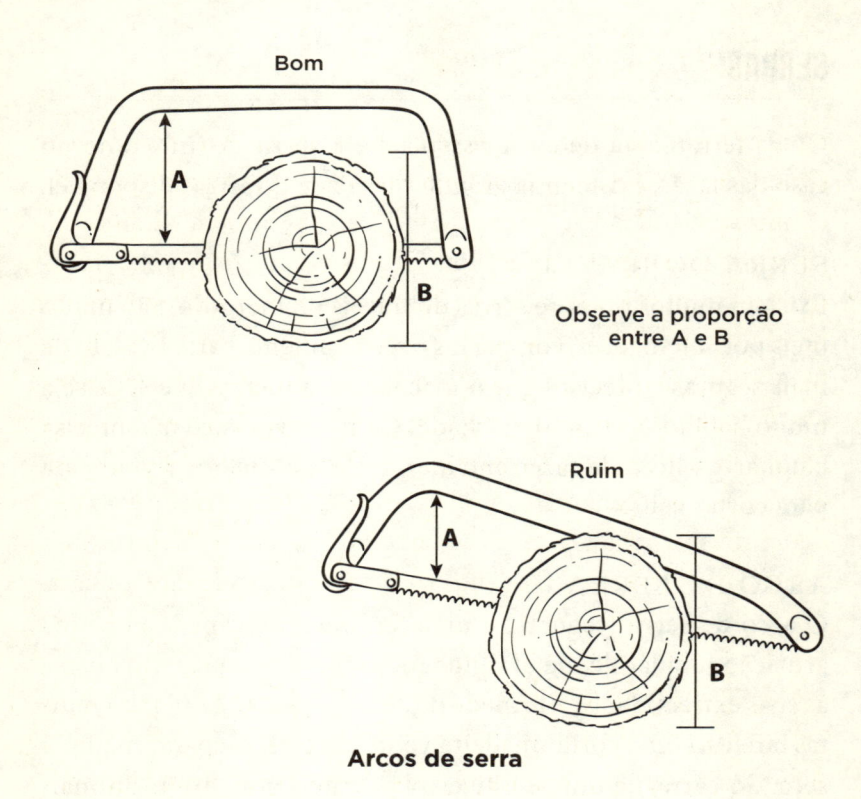

Tipos de armação de arcos de serra
Existem muitos formatos de arcos de serra, desde o básico em D até um quase triangular. O que se deve ter em mente é que a profundidade máxima do seu corte é equivalente à altura da armação (veja exemplos acima). Qualquer ângulo na armação reduz o comprimento do corte. Também existem arcos de serra desmontáveis ou dobráveis no mercado, com armação de madeira e de metal, mas nunca fui muito fã desse tipo de ferramenta na floresta. Um tubo de metal é quase indestrutível e é o tipo ideal de armação.

SEGURANÇA NO USO DE SERRAS

Sempre mantenha a lâmina do arco de serra coberta quando não for usá-la. O jeito mais fácil de fazer isso é soltar uma ponta da lâmina, enfiá-la em um tubo de PVC em que ela caiba tanto no comprimento quanto na largura e depois prendê-la de volta na armação. Ao usar a serra para cortar, sempre passe a mão livre por dentro da armação dela, plantando-a com firmeza na madeira, para evitar que a ferramenta salte e saia do corte ou cause ferimentos. Em seguida, com a mão que segura a serra, faça pressão para abrir a fenda feita pela lâmina; isso evita que a lâmina fique presa na madeira ao cortar mais fundo. Tenha em mente que serras podem provocar cortes bem feios quando manuseadas de forma inadequada, portanto seja cuidadoso e use-as com segurança e calma.

MANUTENÇÃO DE SERRAS

A lâmina da serra pode sofrer desgaste e/ou danos provocados por ferrugem. Mantenha-a lubrificada com os mesmos produtos que você usa para a faca e outras ferramentas de metal. Os dentes da serra são desalinhados, criando o entalhe (o espaço no corte onde a madeira foi removida, como você pode ver na página a seguir). O nível de desalinhamento determina a largura do entalhe. Conforme você usa a serra, o desalinhamento diminui (e, com isso, a largura do entalhe também), fazendo com que a lâmina fique presa ou emperre ao cortar. Reajustar os dentes é mais complicado e demorado do que parece. Geralmente é mais barato simplesmente trocar a lâmina. Por isso, sempre carregue uma sobressalente.

Porém, se você vai ficar no mato por muito tempo e não tem outra serra, talvez precise reajustar os dentes. Existem duas maneiras de fazer isso:

1. Use um pequeno alicate (aquele do tipo multifuncional) e incline de leve para fora um a cada dois dentes da serra. Certifique-se de que os dentes que não forem puxados estejam inclinados na direção oposta.
2. Tire a lâmina, pouse-a em um toco, bigorna de árvore ou outra superfície plana e firme. Em seguida, com a lateral do seu machado, bata um prego delicadamente nos dentes da serra, entortando levemente um a cada dois. Depois vire a lâmina e repita o processo no outro lado, com os dentes que não foram entortados antes. Esse método não é preciso, mas numa emergência é melhor do que nada. Você pode comprar ferramentas profissionais de ajuste de dentes de serra, mas seriam mais equipamentos para carregar e não são de fato necessárias, pois as lâminas duram muito tempo.

Nunca se esqueça de cobrir a lâmina ao terminar de usar a serra.

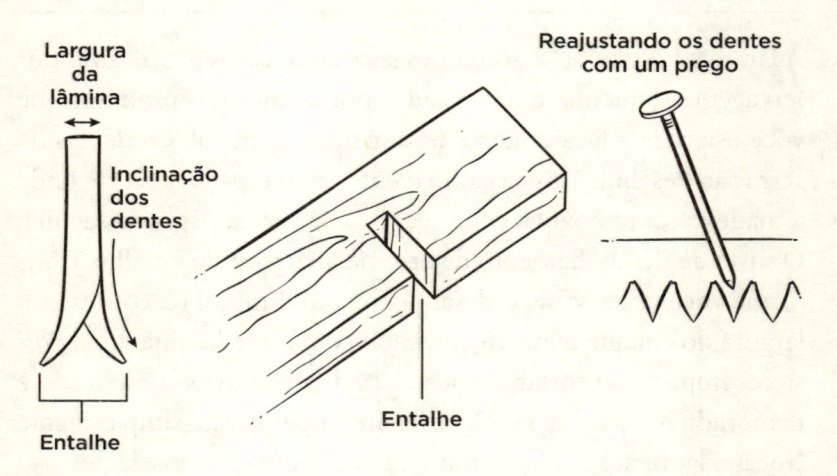

Entalhe e reajuste de serras

MACHADOS

Existem muitos tipos de machado disponíveis atualmente, com propósitos específicos. O que você precisa levar em conta, como praticante de bushcraft, é o que o seu machado consegue fazer, que tipos de madeira são mais comuns na sua região e quanto peso você está disposto a carregar. Quanto maior o machado, mais seguro será manuseá-lo; ele exigirá menos inércia para cortar, o golpe será mais leve e controlado. Primeiro vamos falar dos tipos diferentes de machado e depois aprender a selecioná-los e usá-los.

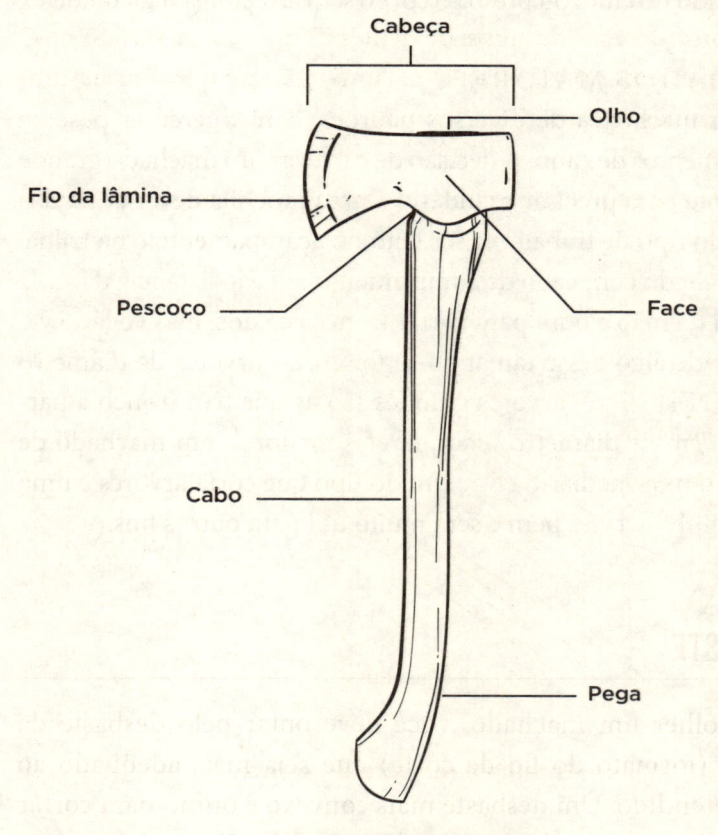

Cabeça

Olho

Fio da lâmina

Pescoço

Face

Cabo

Pega

Partes do machado

MACHADINHA

A **machadinha** é um item de primeira necessidade no mato; até mesmo os escoteiros andam com uma devido à sua praticidade. Existem vários tipos. Os principais critérios para a escolha são parecidos com os que você leva em conta ao comprar uma faca: a cabeça deve ser de aço-carbono e, se possível, forjada à mão. Prefira machadinhas com cabo de madeira, pois, em caso de emergência no mato, você pode substituí-lo. Tamanho, peso e formato são questões de gosto pessoal. Qualquer machado ou machadinha com um cabo de menos de 40cm e que pese menos de 1kg pode ser pendurado no cinto ou preso ao corpo sem atrapalhar a locomoção.

MACHADOS MAIORES

Existem machados de diversos padrões, com diferentes pesos e comprimentos de cabo. A decisão de carregar um machado grande o bastante para precisar prendê-lo a uma mochila deve ser justificada pelo tipo de trabalho a ser feito no acampamento e na trilha. Um machado com cabo de comprimento igual à distância da axila à palma da mão é bom para cortar troncos caídos, mas você só vai precisar de algo desse tamanho se for cortar árvores de diâmetro maior. (Neste livro, árvores grandes são as que têm tronco a partir de 20cm de diâmetro.) Para tarefas menores, um machado de tamanho intermediário entre um do tipo que corta árvores e uma machadinha servirá bem e será muito útil para outros fins.

DESBASTE

Ao escolher um machado, você deve optar pelo desbaste da lâmina (formato do fio de corte) que seja mais adequado ao uso pretendido. Um desbaste mais convexo é ótimo para cortar madeira seca, mas não para madeira úmida. Ele também não é bom para tarefas mais delicadas, como afiar estacas e traves ou fazer entalhes em troncos. O desbaste escandinavo é versátil, servindo para cortar lenha e para construção.

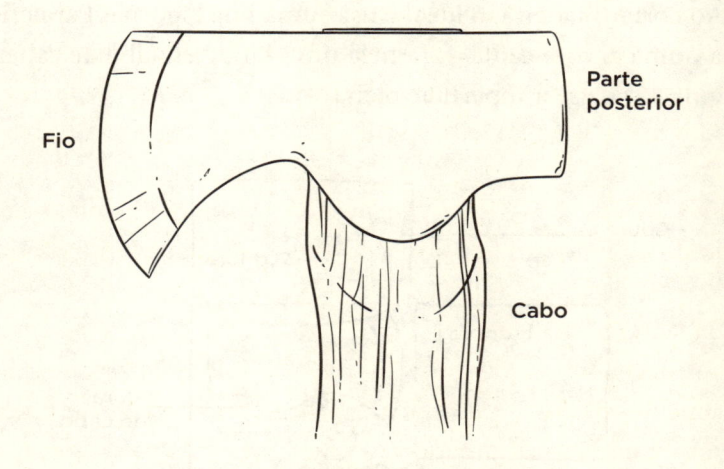

Parte posterior

Fio

Cabo

Cabeça de machado escandinava

COMO MANUSEAR E USAR O MACHADO COM SEGURANÇA

Uma das marcas do mateiro habilidoso é a forma como ele manuseia e cuida das suas ferramentas. É importante manter *sempre* protegido qualquer machado ou machadinha que não esteja em uso. Por isso, tenha uma capa adequada para sua ferramenta – ou esteja pronto para fazer uma quando necessitar (veja a imagem a seguir). Nunca deixe o machado no chão, pois você corre o risco de tropeçar nele. Em vez disso, recoste-o com a cabeça para baixo numa árvore ou guarde-o.

Quando for brandir o machado, certifique-se de estar numa área vazia – não só sem pessoas, mas também sem qualquer coisa que possa se enroscar, bater no machado ou impedir você de desferir um golpe preciso. O espaço deve ser tão seguro que, mesmo que você não execute bem o golpe, não haverá a possibilidade de o machado machucar você ou ser danificado – por exemplo, acertando uma pedra ou o solo.

Ao cortar madeira, o ideal é usar uma boa bigorna. Para criar uma numa árvore caída, faça nela um grande entalhe de cabana (página 42) e use a superfície plana.

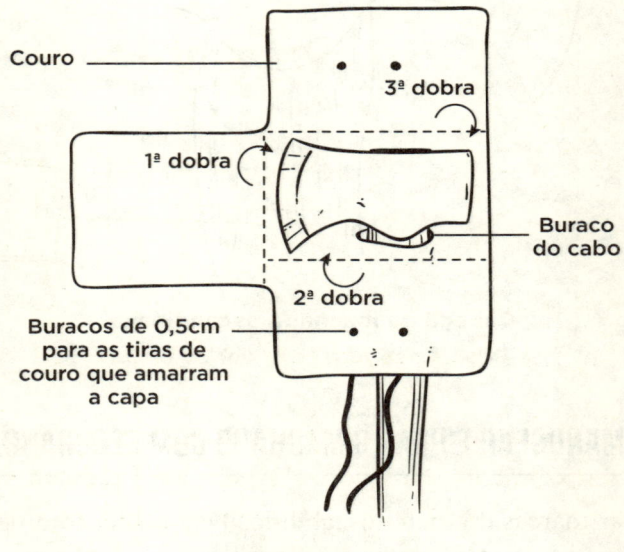

Capa de machado

COMO CORTAR LENHA

Se possível, você deve cortar lenha ajoelhado, para evitar que o machado acerte suas pernas caso você erre o alvo. Ajoelhe-se diante da bigorna ou do toco e ajuste sua posição de modo que seus braços estejam esticados quando a cabeça do machado atingir o meio da bigorna. Desse jeito, o machado pode até acertar o solo (embora isso não seja bom), mas não seus membros inferiores. Nunca use uma faca para um trabalho que pode ser realizado com um machado, mas tenha em mente que quanto menor a lenha for ficando, mais perigoso é cortá-la com um equipamento pesado.

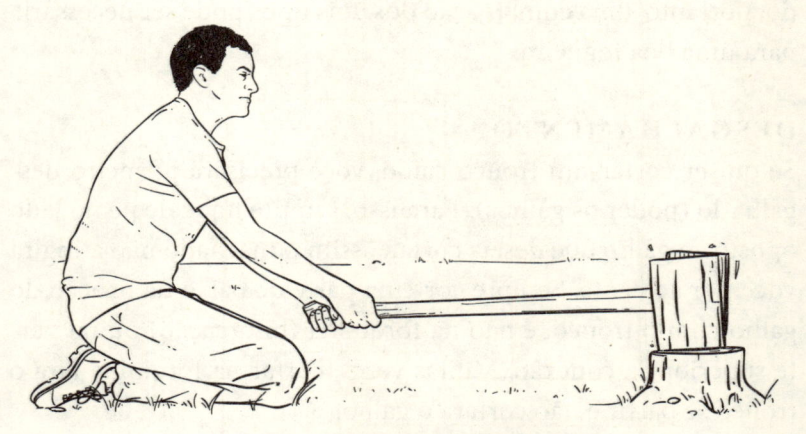

Posição segura para cortar lenha

Outra forma de cortar madeira é apoiá-la horizontalmente, e não verticalmente, na bigorna. Assim você reduz a margem de erro e pode fendê-la até que tenha o tamanho ideal para acender fogueiras. Se o machado atravessar a lenha e penetrar a bigorna, deixe-o fincado e puxe a madeira para um lado para completar o corte.

Lembre que a madeira tende a pular para a direita ou para a esquerda da bigorna, portanto certifique-se de que não haja pessoas ou equipamentos nessas áreas antes de começar. Depois de cortar a lenha em pedaços mais finos do que um pulso, você pode usar uma tesoura corta-galhos de cabo longo para os pedaços mais longos.

É possível cortar um tronco de 20cm de diâmetro com aproximadamente 30cm de comprimento transformando-o em mais de 80 peças para acender fogueira. Use pedaços de madeira de pelo menos 5cm de diâmetro como fonte de combustível e gravetos com no máximo o tamanho de um lápis como acendalha (veja página 134). Lembre que madeiras mais duras e verdes queimam por mais tempo, porém a lenha mais macia pega fogo mais rápido; portanto, uma combinação dos dois tipos pode ser necessária para uma boa fogueira.

DESGALHAMENTO
Se quiser cortar um tronco caído, você precisará primeiro desgalhá-lo (podar os galhos). Para isso, sempre fique de pé no lado oposto ao galho que deseja cortar, assim o machado não atingirá você por acidente. Sempre corte na parte de baixo da ligação do galho com o tronco, e não na forquilha (bifurcação) ou na parte superior da conexão. Muitas vezes, cortar na forquilha fará o tronco se partir e não cortará o galho.

APARANDO TRONCOS
Se quiser cortar um tronco no meio do seu comprimento, você precisa apará-lo. Para isso, faça um grande entalhe em V, depois vá girando o tronco e cortando outros entalhes seguindo a mesma circunferência do tronco, até partir a árvore. Se possível, ao fazer cada entalhe, fique de pé sobre o tronco, de modo a facilitar seu corte e sua ruptura. Se o diâmetro da árvore for pequeno demais para você ficar em cima do tronco de forma segura, posicione-se ao lado da árvore para evitar acidentes. Caso você queira cortar de um lado do tronco, por exemplo, fique postado do lado oposto, assim há menos chance de você se ferir com o machado sem querer.

MANUTENÇÃO E AFIAÇÃO DE MACHADOS

Assim como qualquer ferramenta, o machado precisa ser muito bem cuidado para manter sua eficiência máxima. Isso inclui o armazenamento e a afiação da lâmina. Vamos ver alguns princípios básicos da manutenção dos machados.

MANUTENÇÃO DO CABO

Quando comprar um machado, atente para o tipo de cabo. Ele deve ser resistente, de madeira de boa qualidade. Não deve haver nós nem farpas. Cuide do cabo passando óleo de linhaça para conservá-lo após o uso, pois o acabamento vai se desgastando com o tempo e o cabo fica propenso a secar e, possivelmente, rachar. O uso do machado e a umidade e a temperatura da região influenciam na frequência com que você fará esse procedimento.

CABEÇA DO MACHADO

A manutenção da cabeça do machado não é diferente da manutenção de qualquer outra ferramenta de aço-carbono. Ela enferruja com o tempo, portanto deve ser lubrificada com frequência. Costumo usar azeite, pois assim sigo um padrão ao cuidar de todas as minhas ferramentas e os meus equipamentos de metal.

AFIAÇÃO

Muitas ferramentas podem ser usadas para amolar ou afiar um machado. Uma pedra de carbureto de silício (carborundum) com lados de grão médio e fino dá conta de 95% das suas necessidades e você pode andar com uma pequena em campo.

Outra que funciona bem é a pedra redonda de afiação de grãos médio e fino, do tamanho da palma da mão. Assim como faço com as pedras de afiar, prefiro usar água a óleo como lubrificante. Ao usar esse tipo de pedra, faça movimentos circulares para afiar a lâmina, tratando igualmente os dois lados, como se fosse uma faca. Se o machado ficar "desdentado" (lâmina lascada) por conta de um golpe errado, você pode precisar de uma lima fina para corrigir a lâmina. Em seguida, afie o machado com a pedra.

Ao usar a lima, coloque o machado numa posição em que fique estável, na horizontal, e arraste-a pelo fio de corte, fazendo movimentos para cima ou para baixo dependendo da sua preferência. Para remover mossas ou danos menores, faça movimentos lentos e uniformes dos dois lados da lâmina.

Não é necessário afiar o machado com a tira de couro, pois a pedra fina já dará conta do recado e deixará o gume bastante afiado. Afiar o machado é uma tarefa que pode ser feita de várias formas, e o ideal é sempre seguir o ângulo da lâmina.

SEMPRE ANDE COM CUNHAS

Cunhas são muito úteis em diversas situações, mas vamos falar aqui de apenas algumas utilidades. Você mesmo pode fabricá-las com madeira, mas recomendo que ande com pelo menos duas pré-fabricadas. Cunhas de plástico ABS são baratas e leves, podem ser carregadas com facilidade e são muito convenientes.

CUNHAS PARA PARTIR TRONCOS NO COMPRIMENTO

Após fazer o corte inicial no tronco ao longo de todo o seu comprimento, enfie várias cunhas na fenda e batone-as sucessivamente, fazendo-as penetrar na rachadura, e você verá que o tronco começará a se partir.

Cunhas para partir troncos

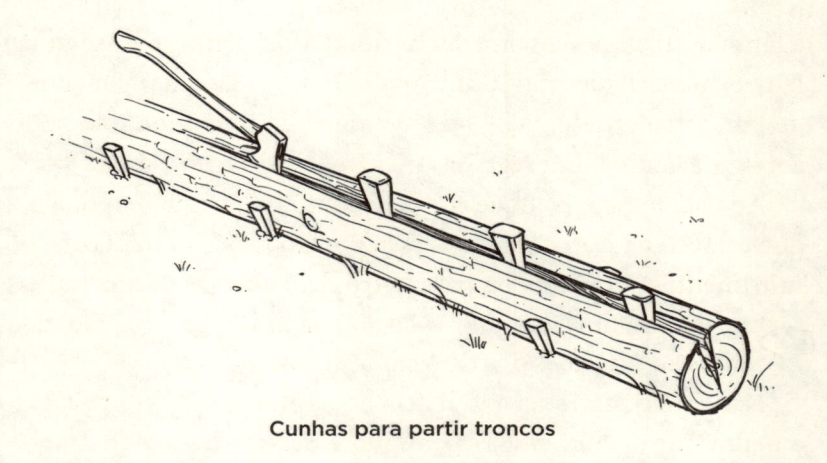

CUNHAS PARA SOLTAR A FACA

Às vezes, ao batonar ou cortar madeira, a faca fica presa. Se isso acontecer, enfie uma cunha na fenda e batone-a para abrir mais a incisão e soltar a lâmina.

DICAS E TRUQUES PARA AS SUAS FERRAMENTAS

1. Se você quebrar o cabo do machado e precisar substituí-lo, a melhor maneira de fazer isso é queimá-lo. Enterre a lâmina do machado até a face e monte uma pequena fogueira em torno do olho dela para queimar a madeira do cabo sem afetar a lâmina.
2. Se sua faca não tiver um dorso de 90° para fazer faíscas com uma pederneira, use uma lima e um torno para remover o metal cuidadosamente do dorso até que fique com o ângulo correto.
3. O facão também é uma ferramenta bastante versátil e popular, utilizado para desbaste e cortes pequenos, ideal para abrir caminho em mata fechada. Não deve ser utilizado para cortar lenha. Normalmente é feito de aço-carbono, com fio liso e cabo de polipropileno e comprimento total de 60cm.

CAPÍTULO 3

Cordas, cordeletes, fitas e nós

"É impressionante como a maioria das pessoas nem sequer conhece a arte de fazer os nós mais simples."
— R. M. Abraham,
Winter Nights Entertainments, 1932

É sempre recomendável levar cordas quando for fazer atividades ao ar livre. Elas devem estar entre os principais objetos presentes na sua mochila, pois são extremamente úteis para criar outros itens e até mesmo como recurso de segurança. Você também deve levá-las porque é difícil criar cordas em quantidade com materiais naturais, logo você perderia muito tempo nessa tarefa.

Cordas são úteis para fazer fogueiras, nós e amarras, para construir abrigos e também para uma série de outras atividades. Portanto, é importante avaliar com cuidado o que você vai levar.

CORDELETE

Chamo de cordeletes os tipos com diâmetro menor que 0,6cm. Existem muitos modelos disponíveis, mas o de poliamida trançada é o melhor atualmente, podendo ter uma tenacidade de 80 até mais de 500 denier num diâmetro pequeno. (Denier é uma unidade de medida para resistência de uma corda ou linha. É estranho, mas ela é determinada pelo peso que a corda teria se tivesse 9km de comprimento.) O cordelete de poliamida trançada é feito de três fibras de material sintético trançadas, que se desentrelaçam com facilidade para transformar um cordelete em três caso você precise de mais alguns pedaços para outras funcionalidades. Esse tipo tem uma capa que o protege de raios UV e, com ele, você pode fazer um nó forte ideal para amarras ou falcaças.

Os cordeletes são bastante versáteis para atividades de campismo, podendo ser usados de diversas formas: para improvisar um varal, montar ancoragens, amarras para abrigos, entre outras utilidades.

CORDA

Esse tipo tem diâmetro maior que 0,6cm. Eu prefiro que minhas cordas sejam de material natural, como o sisal, que pega fogo com mais facilidade e ajuda na hora de acender fogueiras e de criar um ninho de pássaro (explicaremos mais sobre ele na página 135). Cordas podem ser usadas para criar muitas coisas, como alças improvisadas para mochila ou rolo de cama, e fazer as vezes de cinto para manter sua faca à mão. Também são úteis para muitas tarefas no acampamento, como prender as estacas das barracas, pendurar redes de dormir ou improvisar uma roldana para mover um objeto pesado. Recomendo carregar duas cordas de 5m e uma de 10m de comprimento sempre que for praticar bushcraft sozinho.

FITA TUBULAR DE POLIAMIDA

Essa fita conta com algumas vantagens em relação às cordas: pesa menos, ocupa menos espaço por ser achatada e tem uma tenacidade muito alta, para impedir que se rompa, sendo por isso usada para escalada.

Ao utilizar fitas de poliamida para fazer alças improvisadas e itens semelhantes, você perceberá que o material é mais confortável do que a corda. Caso tenha espaço e aguente o peso extra, recomendo levar duas de 7m e uma de 15m. Com essas fitas, você conseguirá fazer tudo que cordas comuns fazem – e na maioria das vezes até um pouco melhor, exceto acender fogueiras. Você também pode carregar um pouco de cada, como eu faço.

FITA DE POLIÉSTER

A **fita de poliéster** (fita mule) também é conhecida como fita de puxar cabo, sendo muito usada por eletricistas. Tem tenacidade muito alta e 30m dela pesam apenas 500g. Contudo, é muito importante levar em conta o lugar onde você vai ficar (na verdade, isso vale para todos os itens que você pretende levar). Existem matas com muitas plantas espinhosas, onde o desgaste de fibras e tecidos torna impraticável o uso da fita de poliéster. Por outro lado, se você for para um lugar sem essas plantas, ela é ótima para todas as tarefas que uma corda mais pesada poderia realizar.

CORDELETE NATURAL

Para fazer cordeletes naturais, você precisa de um material forte. Você pode usar cipós finos, piaçava, folhas de coqueiro, sisal ou outra planta de característica fibrosa.

Com uma faca, remova a camada externa da folha ou do cipó até chegar às fibras internas; a camada deve sair em tiras longas, dependendo da planta. Em seguida, transforme as fibras em fios menores e depois em grupos de fios para obter o diâmetro desejado do cordelete.

Lembre de testar o cordelete antes que surja uma necessidade. Para isso, pegue um pedaço e tente dar um nó. Se o material se partir, talvez não seja útil para algumas tarefas, mas, se você conseguir enrolá-lo três ou quatro vezes em torno do seu dedo e ele não rachar ou quebrar, servirá para algumas situações.

CORDELETE DE DOIS FIOS ENROLADOS REVERSAMENTE

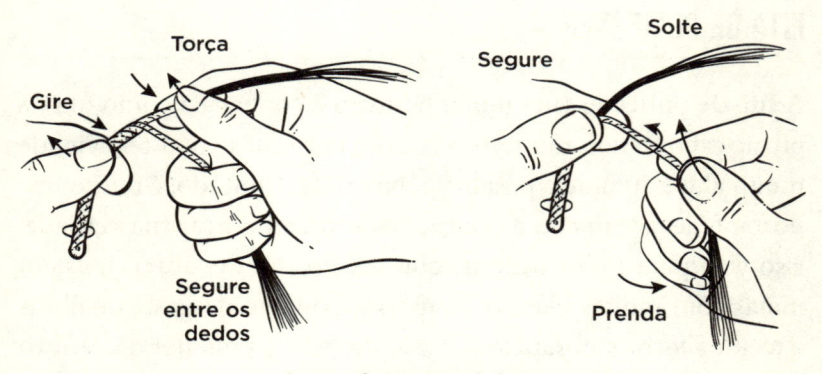

Como fazer cordelete

Após transformar as fibras da planta em fios, faça dois feixes. Segure uma ponta de cada feixe com a mão esquerda (veja ilustração anterior). Gire essa mão para torcer a pontinha e deixar os feixes unidos numa extremidade. Com a mão direita, segure o feixe de baixo e use o indicador e o polegar para torcer o feixe de cima. Mova a mão esquerda para a direita para manter preso o pedaço torcido. Então torça o feixe de baixo e, depois, entrelace os dois feixes, uma mão girando na direção oposta à da outra. Repita o processo até terminar o entrelaçamento.

O ideal é começar com feixes de comprimentos diferentes, para que haja uma sobra e você possa entrelaçar outro feixe no mais comprido e, assim, aumentar o comprimento do cordelete. Faça isso somente em um lado de cada vez, nunca nos dois ao mesmo tempo. Quando você chegar a 3cm da extremidade do feixe mais curto, acrescente outro feixe a esse lado, torcendo-o na ponta e criando uma linha única. Se quiser fazer um cordelete mais forte, use dois cordeletes finalizados e trance-os um no outro desse mesmo jeito. Dessa forma, o produto final terá cerca de dois terços da força original de um fio único com o mesmo diâmetro.

NÓS BÁSICOS E ÚTEIS PARA ACAMPAMENTO

Os nós são a base de todas as amarras e também são essenciais para fixar qualquer coisa, desde uma carga pesada até abrigos. É fundamental aprender e praticar diferentes tipos, utilizando diversas técnicas. Você deve ser capaz de dar nós perfeitamente com as mãos atrás das costas e olhos vendados para que possa fazê-los de forma automática caso seja necessário! Trata-se de uma habilidade crucial. Com um nó, você pode salvar um cordelete avariado sem precisar cortá-lo, recuperando um recurso importante que seria perdido. Amarras bem-feitas podem fazer a diferença entre um abrigo resistente e um que desabe numa tempestade.

Existem centenas de nós, mas esta seção falará dos que considero essenciais para o bushcraft e da importância da recuperação de cordeletes. Vamos discutir três tipos básicos de nó: nós de correr, nós de ligação e nós estáticos. Nós de correr, como o nome sugere, se apertam quando um dos fios do cordelete corre por um laço ou um laço corre por dentro de outro. Nós de ligação se apertam ao se friccionarem as cordas. Nós estáticos são nós isolados, que não exigem nenhuma ação adicional para funcionar como tais.

NÓ DE CORRER

O nó de correr é um nó simples, rápido, que serve para unir um cabo a um tronco ou mastro. É um nó regulável, ou seja, quanto mais você puxa, mais ele aperta. Também pode ser útil para segurar feixes de lenha.

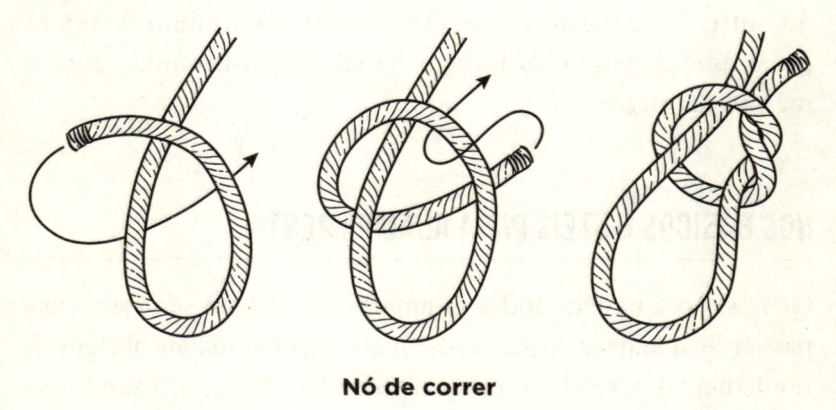

Nó de correr

NÓ LAIS DE GUIA

É um dos quatro nós básicos de marinheiro, um dos principais usados em operações de resgate no mar. Retém dois terços da tenacidade da linha, mesmo quando tensionado. Sua única desvantagem é a tendência a correr ou a se desfazer se a carga for pesada, dependendo do cordelete usado. Contudo, isso pode ser contornado com um nó de travamento na ponta da corda.

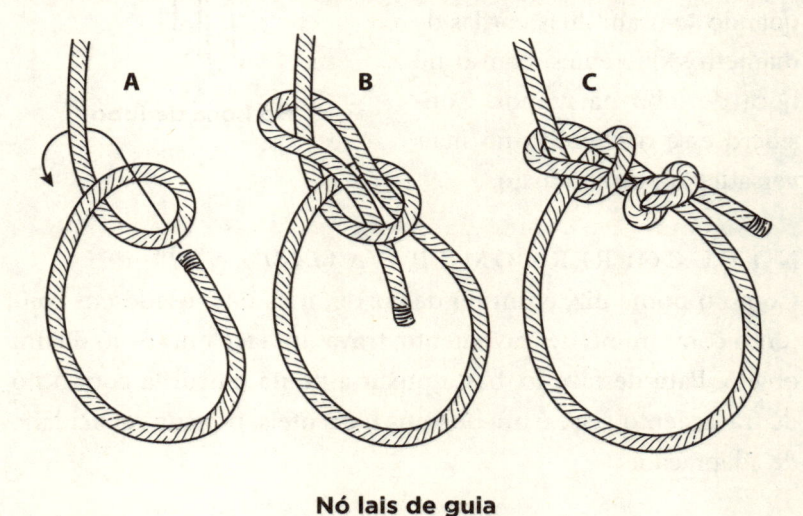

Nó lais de guia

O nó lais de guia é útil em qualquer situação em que você precise de um laço para passar a corda e apertá-la em torno de um objeto. É fácil de remover, mesmo que haja muita tensão sobre a linha. Pode ser usado em conjunto com outros nós, como o boca de lobo, para cordeletes de afixar barracas e também para ajustadores na ponta do cordelete.

NÓ BOCA DE LOBO

Esse nó trava sozinho e pode ter várias utilidades, desde afixar ajustadores (página 78) até prender uma corda a outra para pendurar algo num ajustador. O nó boca de lobo é formado por dois laços simples. Contudo, ele pode se desfazer se suas pontas forem puxadas de um lado para outro com uma carga muito pesada (ao contrário do nó prussik). Ele é ótimo para ajustar cordeletes e estacas de barraca, sobretudo quando se usam duas cordas de diâmetros diferentes, com o nó boca de lobo na menor. Considero esse o segundo nó mais versátil para uso no mato.

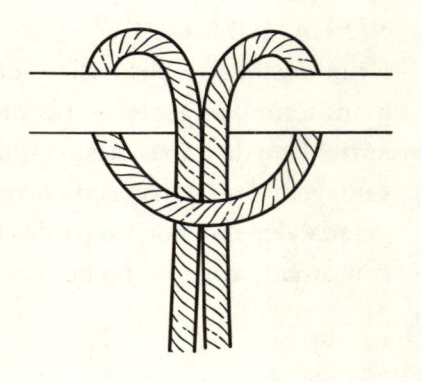

Nó boca de lobo

NÓ DE CORRER COM TRAVA (*JAM KNOT*)

Como o nome diz, é um nó de correr, mas que, usado em conjunto com um nó de travamento, trava um laço em torno de um objeto. Para desfazê-lo, basta puxar a ponta da corda com o nó de travamento. Esse é um dos nós mais úteis, por sua capacidade de adaptação.

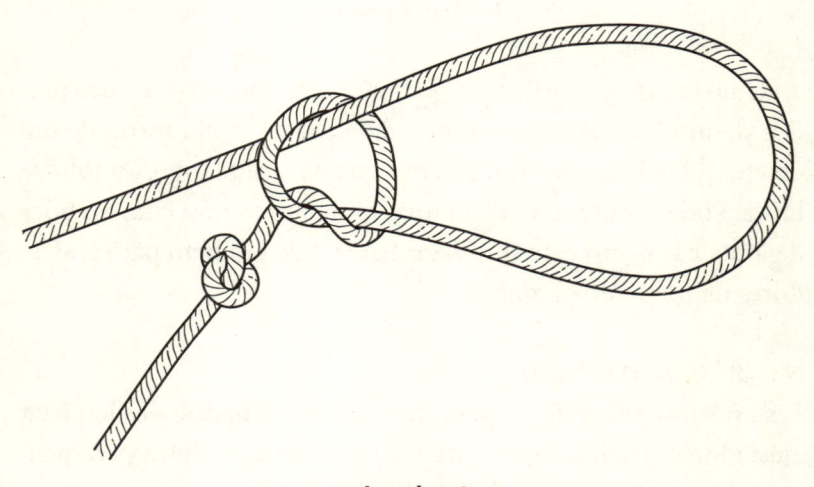

Jam knot

NÓ DE CAMINHONEIRO

Formado por uma combinação de dois nós de correr, é usado para tensionar uma corda e mantê-la esticada com firmeza, mas ao mesmo tempo pode ser desfeito com facilidade se for necessário ajustar ou reparar a corda.

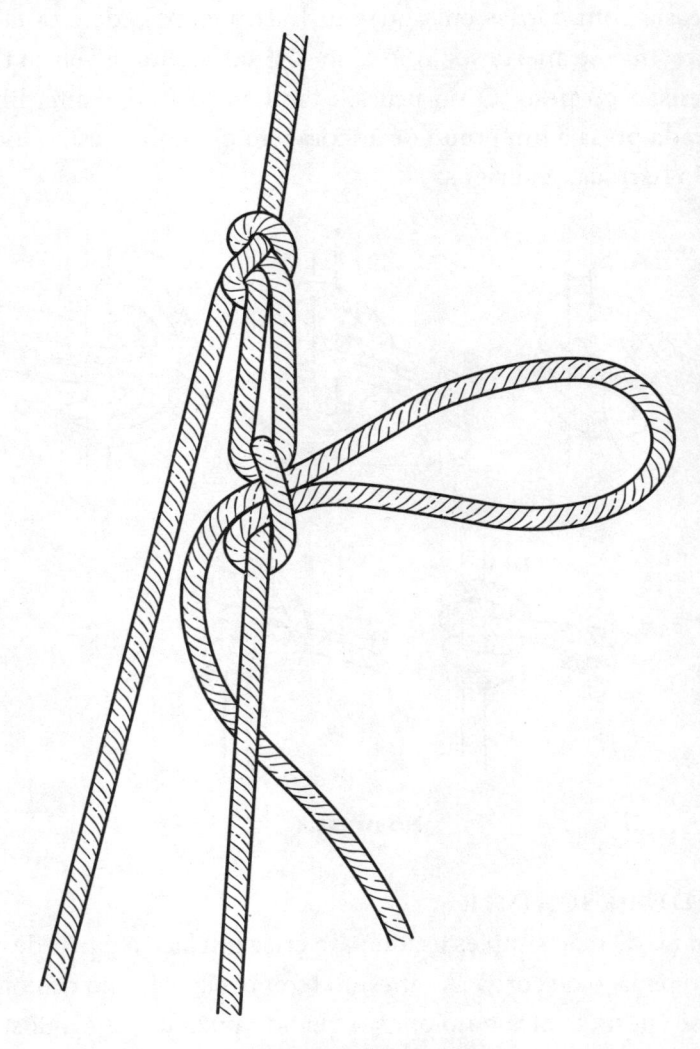

Nó de caminhoneiro

NÓ PRUSSIK

É usado para prender um laço a outra corda de diâmetro maior. Como é um nó blocante, o laço apertará quando for tensionado, prendendo a linha menor com firmeza na maior. Esse é um nó para carga, usado para erguer uma corda ou para fazer uma travessia com cordas em águas turbulentas, pois desliza facilmente, mas se aperta sozinho caso seja submetido a algum tipo de tensão ou peso. O nó prussik também mantém uma linha esticada presa a um ponto de ancoragem quando se estão montando barracas e abrigos.

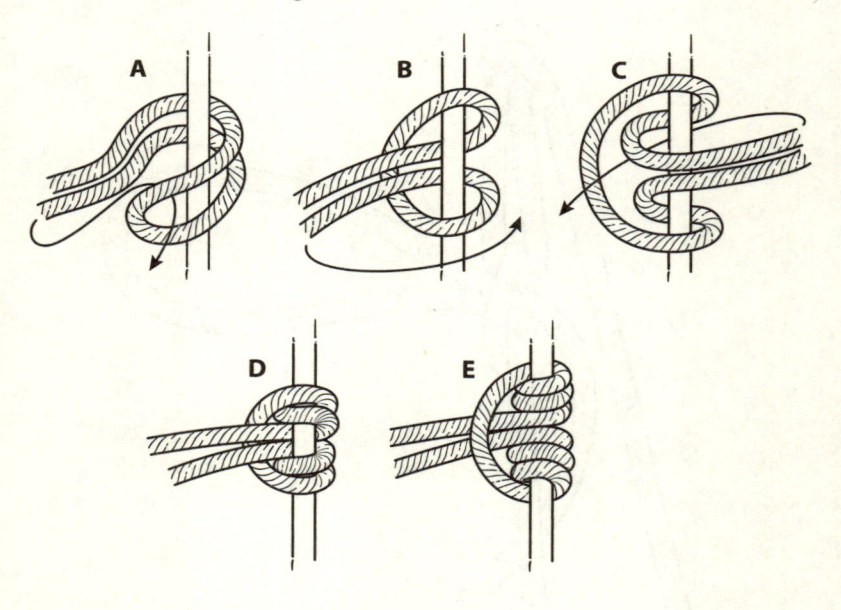

Nó prussik

NÓ DE PESCADOR

É um nó de mão simples usado para criar um laço a partir de um único pedaço de corda. Ao mesmo tempo, ele é um nó de correr que se aperta contra o nó oposto quando puxado (veja a ilustração seguinte), mas pode ser afrouxado facilmente puxando-se as pontas da linha. Os laços são muito úteis em conjunto com o nó prussik e o nó boca de lobo.

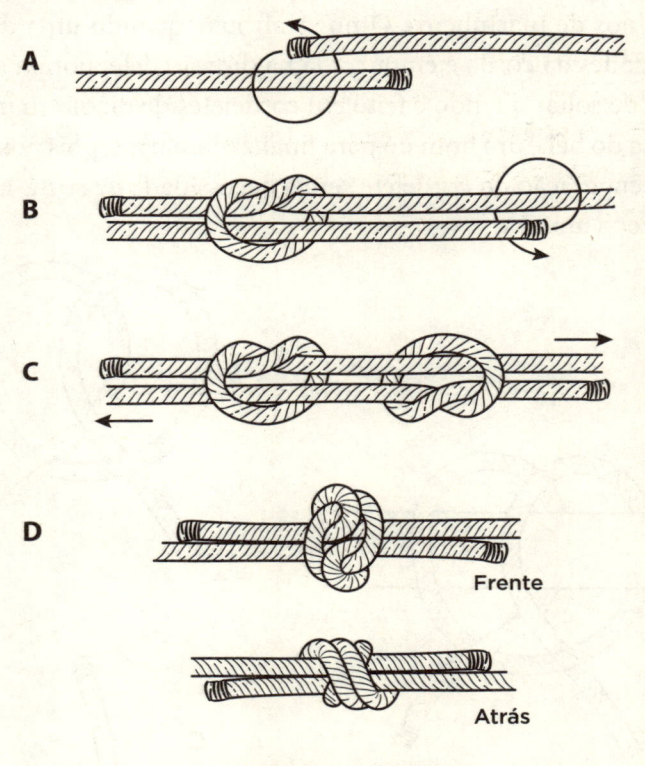

A

B

C

D

Frente

Atrás

Nó de pescador

NÓ VOLTA DA RIBEIRA
É um nó de fricção. Ele se fixa sob pressão e é usado para iniciar ou finalizar amarras, ou para fixar estacas de abrigos.

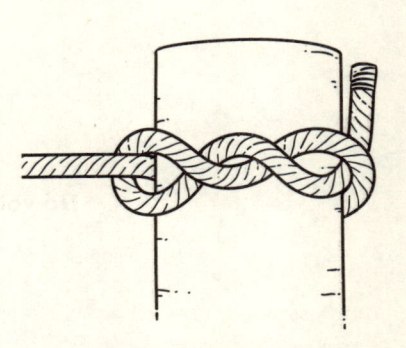

Nó volta da ribeira

NÓ VOLTA DO FIEL

Também conhecido como nó de porco, é um dos quatro principais nós de marinheiro. O nó se afrouxa quando uma das extremidades da corda é empurrada na direção dele, porém é mais difícil de soltar quando é feito em cordeletes de diâmetro menor. O volta do fiel é um bom nó para finalizar amarras, pois possibilita a recuperação do cordelete sem a necessidade de cortá-lo para desfazer a amarra.

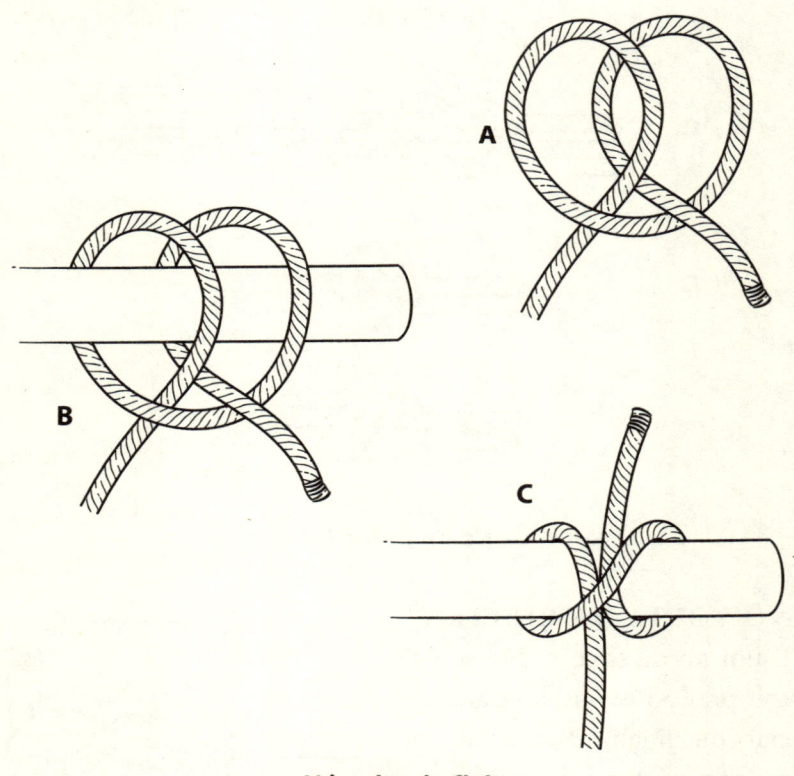

Nó volta do fiel

AMARRAS, FALCAÇAS E AJUSTADORES

AMARRAS

São usadas na construção de objetos feitos com materiais naturais que precisarão aguentar peso. Tripés, suportes de abrigos e pioneirias em geral (construções de acampamento) precisam de amarras. Para o bushcraft básico, você precisa compreender o tipo paralelo e o diagonal. Quando se fazem amarras paralelas, dois objetos são cingidos lado a lado e depois afastados, apertando ainda mais a amarra. Já o modelo diagonal é útil para pedaços de madeira que precisam ficar cruzados, como mostra a ilustração abaixo.

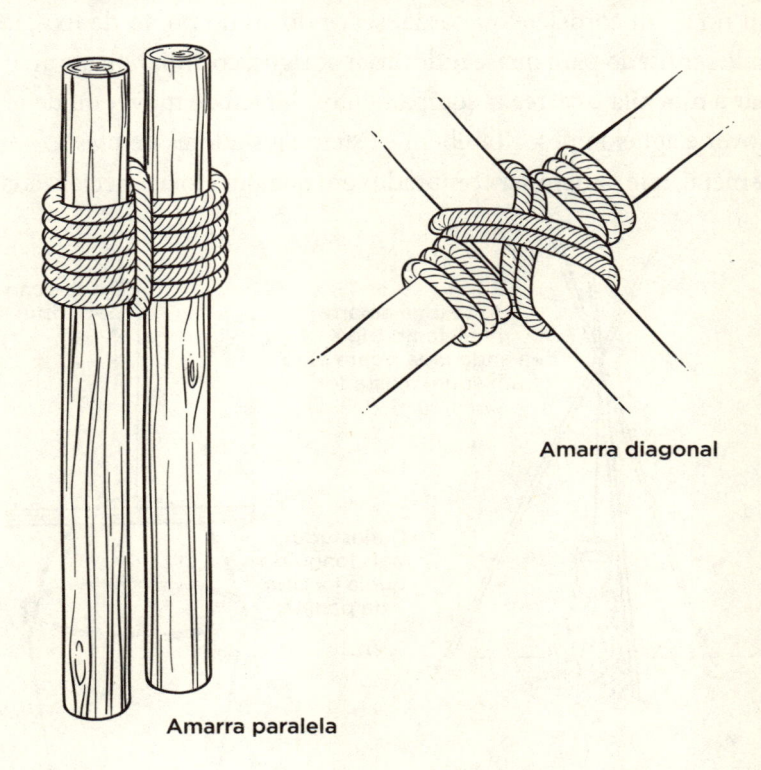

Amarra diagonal

Amarra paralela

FALCAÇA

Também chamada às vezes de nó de chicote, é uma amarração frequentemente usada na extremidade de uma corda para impedir que ela desfie mais. Existem diversas formas de se fazer essa amarração, em geral usando uma corda para dar várias voltas na linha avariada e atando-a em si mesma. Também pode ser utilizada para evitar que algo se separe ou desmonte ou para "criar" um cabo de faca.

AJUSTADOR

Está ente os itens mais úteis para o mateiro. Trata-se de um simples graveto ou cavilha (o tamanho depende da necessidade) preso por um nó a um cordelete ou corda, servindo como ponto de fixação. Pode ser usado para quase tudo: criar abrigos, cozinhar ou até arrumar a mochila e carregar equipamentos. É fácil de mover ou de remover e aguenta peso. Também existem ajustadores de plástico ou de metal, que podem ser comprados em qualquer loja especializada.

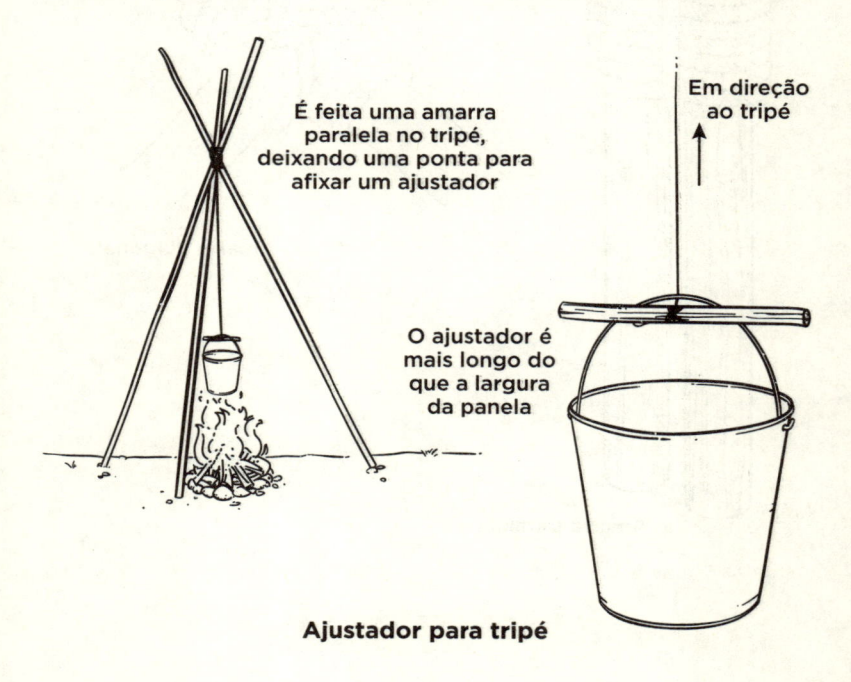

É feita uma amarra paralela no tripé, deixando uma ponta para afixar um ajustador

Em direção ao tripé

O ajustador é mais longo do que a largura da panela

Ajustador para tripé

DICAS E TRUQUES PARA CORDAS E CORDELETES

1. Ajustadores em cordas amarradas com um nó boca de lobo e um *jam knot* são excelentes para pendurar equipamentos como bolsas, mochilas e utensílios de cozinha, evitando que fiquem no chão.
2. Para fazer cordeletes de couro animal, crave sua faca afiada num toco e puxe o couro na direção da lâmina em movimentos circulares para fazer o corte. Assim você é capaz de fazer cordeletes muito mais longos e finos do que segurando a faca para cortar um pedaço ao longo do comprimento do couro.
3. Lembre que cordeletes de nylon derretem no fogo. Se você derreter a bainha externa desse tipo de material, pode criar uma cola ou remendo de emergência para tapar pequenos buracos em recipientes, por exemplo.
4. Evite guardar cordas ou cordeletes molhados, pois podem estragar.

CAPÍTULO 4

Recipientes e equipamentos para cozinhar

"Quanto mais simples os equipamentos, mais habilidade é necessária para administrá-los e mais prazer se obtém com suas realizações."
— HORACE KEPHART, *CAMP COOKERY*, 1910

Em todo bom kit, você encontrará itens para ferver água, cozinhar alimentos, fazer chás e decocções medicinais. Existem muitos tipos de recipiente e equipamento para cozinhar e, atualmente, os utensílios do campismo estão mais leves e oferecem mais opções do que nunca. Escolher garrafas, canecas, panelas e frigideiras corretamente é uma decisão importante e deve refletir suas necessidades. Portanto, antes de fazer qualquer compra ou se aventurar no mato, é crucial conhecer as diferentes alternativas de materiais.

Antigamente, a maioria dos equipamentos para cozinhar era de alumínio ou aço. Antes disso também se usavam estanho, cobre e ferro fundido. Com a tecnologia moderna, hoje temos inúmeros produtos de aço inoxidável, assim como alguns superleves de titânio. (Hoje em dia, esses utensílios não pesam quase nada: um conjunto inteiro atual pesa mais ou menos o mesmo que um único objeto feito há cem anos!) Contudo, materiais muito leves não duram muito tempo. Descobri que, embora seja ótimo para esquentar comida rápido, o titânio se deforma com facilidade quando entra em contato com o fogo. O material serve muito bem para cozinhar em um fogão de acampamento, mas, para o mateiro autêntico que usa chama viva, não cumpre os requisitos necessários.

O aço inoxidável é forte e resistente, conserva bem o calor e cozinha com eficiência com óleo ou azeite. Mas tem uma desvantagem: é muito pesado em comparação ao titânio e ao alumínio. O alumínio é um dos melhores materiais em termos de resistência, transferência de calor e peso. Nas décadas de 1960 e 1970, surgiu uma controvérsia em torno desse material, pois cientistas temiam que houvesse uma ligação entre ele e o mal de Alzheimer. Contudo, estudos recentes não comprovaram essa relação. Hoje, existe o alumínio anodizado, que é revestido para impedir o contato direto com alimentos e líquidos. É uma boa opção ao lado do aço comum, mas, para mim, o aço inoxidável é o melhor devido à sua alta durabilidade.

GARRAFAS D'ÁGUA E CANTIS

Cantis ou outros recipientes são fundamentais em qualquer kit. Eles são um dos Cinco Cs, pois é difícil fabricar um recipiente para água no mato a partir de materiais naturais. É essencial que você possa ferver a água que vai beber; além disso, caso tenha hipotermia, você pode reaquecer o corpo rapidamente tomando líquidos quentes.

CAPÍTULO 4: RECIPIENTES E EQUIPAMENTOS PARA COZINHAR

Garrafas são um item novo entre os mateiros. Antigamente, até mesmo cantis eram algo raro, pois não se conheciam muito os perigos de beber água de fontes desconhecidas contaminadas com patógenos. Hoje em dia, nos preocupamos mais com a qualidade dos recipientes. Você deve sempre tomar água de boa qualidade e, em caso de dúvida, usar métodos de purificação.

Garrafas plásticas, do tipo PET, representam uma opção econômica, mas não podem ir ao fogo. Cantis de metal, resistentes ao fogo, são uma excelente alternativa, considerando que a *única* maneira 100% segura de desinfetar água para consumo seguro é fervê-la. Em altitudes abaixo de 1.600m, quando a água começa a borbulhar, já se passou tempo suficiente para matar todas as bactérias.

Recomendo garrafas d'água de aço inoxidável com capacidade para pelo menos 1 litro. Isso significa que você precisa ferver água quatro vezes por dia para se manter. Se usar versões menores, terá que ferver mais vezes, e garrafas com mais de 1 litro se tornam um problema porque pesam quando cheias. Existem diversos tipos de cantil e recipiente para água em lojas de camping, mas certifique-se de comprar aqueles que apresentam maior resistência, durabilidade e atendem ao propósito de sua excursão.

Procure um cantil de aço inoxidável que venha com caneca e suporte para ser colocado no fogo. O de alumínio não é anodizado e não dura tanto quanto.

Você pode usar um tripé, com um ajustador e um barbante, para suspender uma garrafa ou um cantil sobre o fogo ou para tirá-los após ferver a água. Para isso, amarre o ajustador com um nó volta do fiel (página 76) um pouco descentralizado. Isso permite que o ajustador se incline quando não estiver sob tensão, mas trave na garrafa quando suspenso.

CANECAS

Muitas canecas são fabricadas num formato que se encaixa no fundo da própria garrafa e algumas vêm com suporte para fogão.

A caneca é questão de escolha pessoal. No passado, tinha um significado especial para os mateiros – ajudava-os a "suavizar" a vida no mato. Ela pode ser de madeira, plástico ou metal.

Canecas de cantil são feitas geralmente de aço inoxidável, mas existem alças de diversos tipos, desde simples até dobráveis e duplas. Alças únicas deixam a caneca mais estável no solo e podem ser facilmente modificadas com o acréscimo de meias argolas. Com isso, é possível fixar um pedaço de madeira para obter uma alça mais longa, facilitando o ato de cozinhar (veja abaixo). Outra modificação fácil para a caneca é fazer duas perfurações com 3mm de diâmetro logo abaixo da borda, em lados opostos. Isso permitirá que você encaixe a ferramenta conhecida como abridor de boca de peixe (ou espalhador de mandíbula) e a use como alça para a caneca, tal qual uma chaleira pendurada.

Você também pode usar uma tampa para caneca (existem tanto para os modelos comuns quanto para os de cantil), transformando-a em uma pequena panela versátil. Os fogões a álcool de aço inoxidável são especialmente eficientes se você fez uma parada rápida ou se for perigoso fazer fogueira.

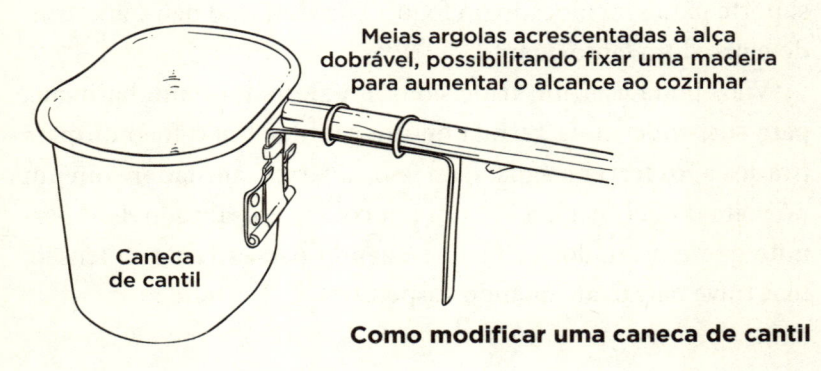

Meias argolas acrescentadas à alça dobrável, possibilitando fixar uma madeira para aumentar o alcance ao cozinhar

Caneca de cantil

Como modificar uma caneca de cantil

PANELAS

Panelas e jogos de panelas para acampamento figuravam entre os itens mais comuns dos mateiros do passado e são igualmente importantes hoje em dia. Às vezes elas se encaixam umas dentro das outras, ocupando pouco espaço na mochila. Procure jogos de alumínio anodizado ou aço inoxidável que venham com suporte de fogão e o próprio fogão a álcool; a tampa pode funcionar como uma panela rasa ou uma caneca e o recipiente deve ter entre 1 e 1,5 litro.

Se você não se importa de ter uma panela de acampamento sem tampa, pode simplesmente fazer uma a partir de um balde de aço inoxidável ou outro recipiente de metal que seja seguro para alimentos. Faça duas perfurações perto da borda, em lados opostos, e use arame calibre 9 como alça.

A panela se tornará sua amiga íntima na fogueira, à noite, e depois de um tempo você descobrirá que qualquer coisa preparada nela será mais gostosa. Se ela tiver uma tampa bem fixa, pode servir como local de armazenamento seco na mochila, contendo alimentos ou materiais para acender fogueiras. Uma panela para cozinhar, uma garrafa e uma caneca, todas de aço inoxidável, proporcionam uma combinação muito confiável para qualquer situação.

COMO PENDURAR AS PANELAS

Existem muitas maneiras de pendurar uma panela de acampamento sobre a fogueira para cozinhar ou ferver água. As mais úteis são o tripé, a haste e o gancho ajustável.

TRIPÉ
Para fazer um tripé, você precisa de três pedaços de madeira de mesmo comprimento e diâmetro de 4cm a 5cm. Prenda-os jun-

tos com uma amarra paralela. As extremidades que ficam apoiadas no chão devem ser pontiagudas, para evitar que escorreguem no solo (confira as ilustrações da página 78).

Ao fazer a amarra paralela, deixe sobrar um comprimento de cordelete suficiente para poder atar um ajustador, que deve ser mais longo do que a largura da alça para evitar que o recipiente caia. Amarre o ajustador usando um entalhe em V e um nó volta do fiel (páginas 42 e 76).

A altura do cordelete pode ser ajustada enrolando-o no alto do tripé ou abrindo ou fechando as pernas do tripé para controlar a distância entre a panela e as chamas. Não mexa no cordelete nem na panela enquanto estiver movendo o tripé.

HASTE

Existem muitos tipos de **haste**. Quanto mais simples, melhor, e, na maioria das vezes, mais resistente também. A haste mais básica envolve um galho e uma forquilha. O galho comprido é afiado em uma extremidade e tem um entalhe de cabana na outra.

Crave a ponta afiada no solo e depois posicione um galho com uma forquilha em Y abaixo dele para mantê-lo fixo no lugar. Você pode ajustar a posição da forquilha para aumentar ou diminuir o ângulo, com isso levantando ou baixando a panela, que fica pendurada pela alça no entalhe, eliminando a possibilidade de deslizar.

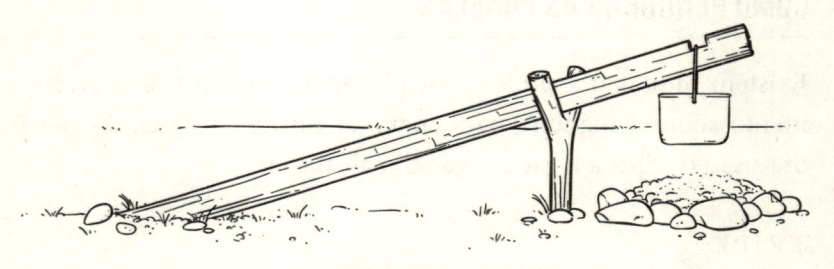

Haste simples para panelas

GANCHO DE PANELA

Trata-se de uma vara com diversos pontos de ajuste para erguer ou baixar a panela. Ela pode ficar presa numa madeira atravessada na horizontal sustentada por duas forquilhas fincadas no solo (ilustração abaixo à esquerda). Outra opção é usar uma haste com suporte de forquilha, como falado na seção anterior, só que a extremidade superior ficará encaixada no entalhe da vara (ilustração abaixo à direita).

Se você usar uma vara atravessada, precisará de várias forquilhas no galho para ajustar a altura quando necessário, como mostrado na imagem. No fim das contas, costuma ser mais fácil fazer entalhes de gancho do que encontrar galhos com várias forquilhas ou entalhes naturais. Além disso, não é muito recomendável usar forquilhas naturais, pois são mais propensas a quebrar.

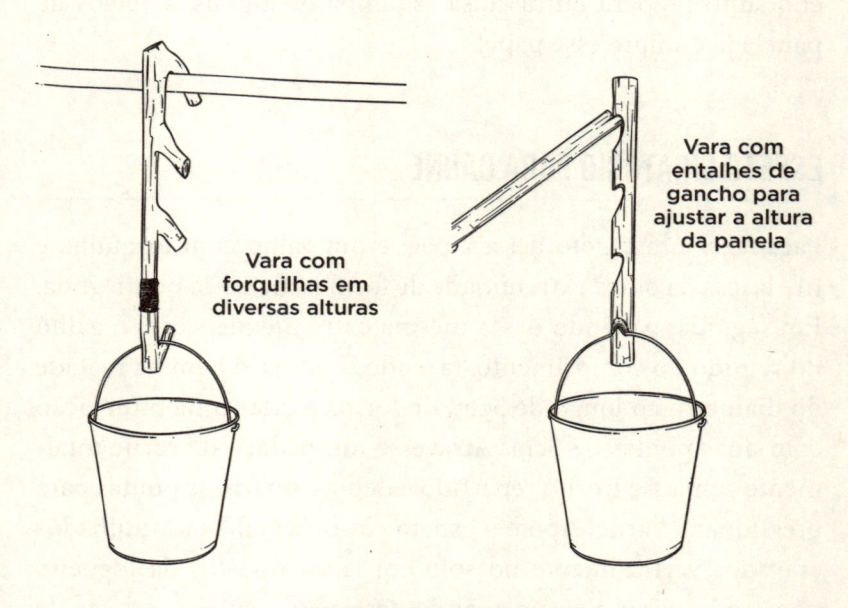

Ganchos de panela

FRIGIDEIRAS

A frigideira serve não só para fritar alimentos, mas também funciona como prato. Claro que, se você vai tomar uma sopa direto da panela ou assar um bolo de milho ou carne na fogueira, não precisa de frigideira. Mas o fato é que, com ela, podemos usar óleo vegetal ou banha animal para fritar a comida. Se for passar bastante tempo no mato, uma fritura pode proporcionar uma bem-vinda mudança de paladar.

Existem frigideiras de alumínio, alumínio revestido, aço e aço inoxidável. Vale a pena levar uma por causa da sua versatilidade. Busque uma com alça dobrável ou com um encaixe no qual você possa prender uma vara. Mas, se estiver apenas procurando um prato para comer ou para depositar comida enquanto prepara outra coisa, a tampa de alguns modelos de panela já cumpre esse papel.

ESPETO GIRATÓRIO PARA CARNE

Para fazer um espeto desses, pegue um galho com forquilha e tire lascas da outra extremidade de forma a deixá-la pontiaguda. Em seguida, partindo dessa mesma extremidade, corte o galho no sentido do comprimento, fazendo uma cisão bem na metade do diâmetro ao longo de 5cm, de forma a criar uma bifurcação com duas pontas de 5cm. Atravesse um pedaço de carne totalmente com esse trecho repartido e depois amarre as pontas para pressionar a carne. Apoie o espeto em dois galhos forquilhados cravados verticalmente no solo em lados opostos da fogueira para poder girar a carne quando desejar e, com isso, assá-la de forma homogênea.

> **DICA DE BUSHCRAFT**
>
> Você pode fabricar quase todas as ferramentas de cozinha na própria natureza, exceto panelas para ferver água e cozinhar carne. Tudo nesta seção — as hastes, os ganchos de panela e os objetos para manipular alimentos — é feito de galhos.

PRANCHAS

Pranchas são tábuas de madeira cortadas transversalmente a partir de uma peça maior e usadas como superfície para assar alimentos, como pães e bolos. Devem ser de madeira não resinosa para não afetar o sabor. O ideal é que seja madeira de boa qualidade, para que a comida possa ser colocada perto do fogo sem risco de queimar o material enquanto a massa está assando.

Você pode usá-las para assar praticamente qualquer pão ou massa, mas a massa precisa ser um pouco mais espessa, pois a prancha costuma ficar apoiada inclinada em outro pedaço de madeira ou numa pedra para expor a massa ao calor. Depois a prancha é girada para ajudar o fogo lento a assar a massa.

OBJETOS PARA MANUSEAR ALIMENTOS

Basicamente, você só vai precisar de uma faca de cintura e um canivete, pois com eles você conseguirá fazer qualquer outro utensílio. Um dos itens mais úteis que você pode criar é uma colher para comer. Pegue um galho partido com cerca de 20cm de comprimento e 10cm de diâmetro e entalhe a ponta quebrada como um cabo. A outra extremidade será escavada com a faca para se tornar a parte arredondada e côncava do talher.

Você pode fazer uma espátula usando o mesmo método da

colher, mas, em vez de escavar a extremidade, faça um corte plano. Se quiser um garfo, basta arranjar um galho com forquilha, que funcionará como qualquer talher de metal. (Talvez você precise de um garfo se não desejar comer a carne diretamente da vara onde ela foi assada ou para tirar um pedaço de carne de dentro da panela.) Criar uma pinça também é simples. Consiga um galho verde e faça um pequeno corte no meio dele, sem parti-lo. Depois dobre o galho e faça bom proveito. Além disso, um graveto pode misturar açúcar no chá ou no café.

Na hora de cozinhar, pedras planas sem umidade funcionam como uma ótima grelha. Dependendo da espessura delas, você pode fazer muita coisa, desde ovos até filés. Pedras na base da fogueira ajudam a reter o calor para cozinhar com outros métodos – por exemplo, com espetos giratórios. E, se você as coloca em torno da fogueira, pode usá-las para tudo, desde esquentar panelas ou frigideiras até assar pães.

FERRO FUNDIDO

Cozinhar com ferro fundido é o padrão de qualidade em fogueiras de acampamento há muito tempo. Dizem que nada cozinha tão bem quanto ele, e uma boa frigideira ou panela de ferro fundido curado é uma verdadeira herança de família. O problema desse material é o peso. A menos que você tenha um meio de transporte (como uma canoa ou um cavalo), mesmo um item pequeno de ferro fundido aumentará radicalmente o peso que você carregará. Por outro lado, ele proporciona facilidade e versatilidade para cozinhar no acampamento ou numa cabana. Uma caçarola de 2 litros e uma frigideira na qual a tampa da caçarola se encaixe são a melhor pedida.

> **DICA DE BUSHCRAFT**
>
> Se quiser que suas panelas e frigideiras de ferro fundido permaneçam curadas, evite lavá-las com esponja e sabão. ("Curado" significa que os poros do ferro estão cheios de óleo e gordura, tornando os utensílios antiaderentes e melhorando o sabor da comida.) Ao terminar de cozinhar num item de ferro fundido curado, limpe-o com pano e o guarde. Se algo grudar na superfície ou se você queimar a comida, encha-o somente com água e a coloque para ferver na fogueira, depois passe um pano até limpá-lo totalmente.
>
> A maioria das frigideiras de ferro fundido novas vem pré-curada. Se esse não for o caso da sua, ou se você comprar uma usada e ela estiver enferrujada, remova a ferrugem com palha de aço, limpe-a com um pano e muito óleo de cozinha ou banha, e depois aqueça-a no fogo. Repita o processo quantas vezes forem necessárias até que o óleo permaneça na panela. A partir daí, você pode descartar o excesso de óleo e limpá-lo normalmente com um pano ou uma toalha de papel.

UTENSÍLIOS DE FERRO PARA COZINHAR

Existem muitos tipos de utensílio de ferro forjado para cozinhar. Nesta seção falarei dos mais úteis e versáteis. O ferro é pesado, portanto, na maioria das vezes, você precisará de algum tipo de transporte.

Espetos de acampamento são muito funcionais. Procure espetos do comprimento do seu rolo de cama. Eles podem ser usados para assar carne, pendurar uma panela sobre o fogo, para atiçar as chamas, remexer o carvão, arrumar a lenha na fogueira e também como grelha sobre uma "fogueira de fechadura". Para pendurar panelas ou espetar carne, finque no solo a peça que tem a ponta retorcida como rabo de porco, mas com o "rabicó" voltado para cima. Então encaixe a outra peça nessa ponta retorcida, mais ou menos num ângulo de 90º (veja ilustração a seguir).

Outro tipo de utensílio de ferro útil no acampamento é muito parecido com um espeto giratório para carne. É composto de dois ferros presos verticalmente ao solo com furos alinhados e uma barra transversal posicionada horizontalmente através dos furos. Nessa barra horizontal são pendurados ganchos ou correntes para ajustar a posição de panelas sobre a fogueira, mas ela também pode ser usada para atravessar a carne e assá-la direto no fogo.

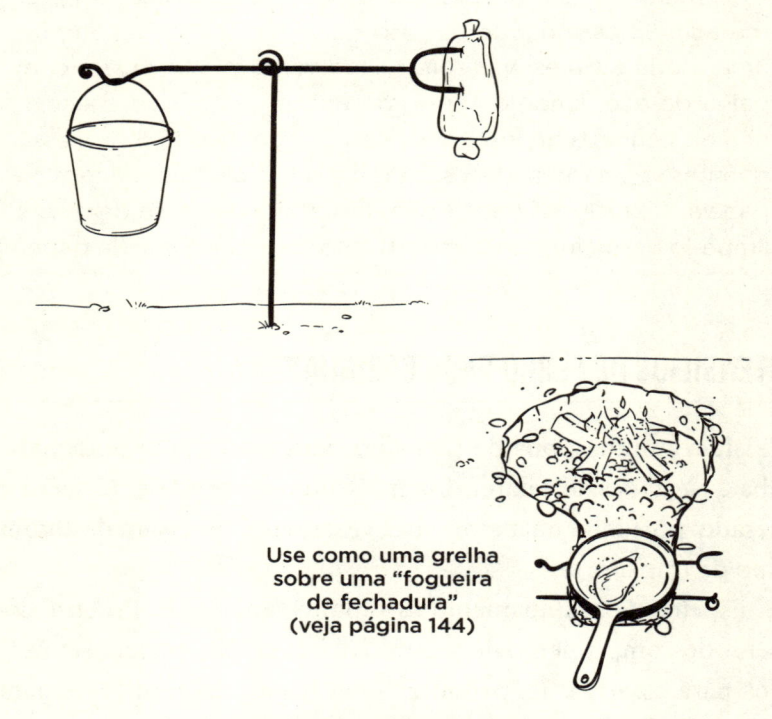

Use como uma grelha sobre uma "fogueira de fechadura" (veja página 144)

Espeto de acampamento

FOGÕES E FOGAREIROS

Nesta seção vou me referir às unidades que produzem fogo como fogão (comumente chamados também de fogareiro). Já os suportes que contêm a grelha, onde a panela ou a caneca é colocada *sobre* o fogão, serão chamados de suportes de fogão.

FOGÕES (FOGAREIROS)
Todos os fogões a álcool, sejam eles de latinha ou tradicionais, de marca, funcionam segundo o mesmo princípio: no centro há um recipiente dentro do qual fica o álcool, que escorre por buracos que dão para o pavio. Depois que o álcool é aceso no recipiente com uma pederneira ou uma chama, por exemplo, a fumaça sobe do pavio dentro da câmara de vapor fechada e queima através de buracos minúsculos no aro superior do dispositivo, criando as chamas. Algumas pessoas usam catalisadores diferentes de álcool desnaturado puro, mas não recomendo essa prática, pois eles entopem os buracos de saída ou produzem muita fumaça.

Ao utilizar esse tipo de fogão, é importante observar os cuidados com a segurança, uma vez que se utiliza combustível líquido para o seu acendimento.

Além dos fogões estrangeiros, existem outros tipos disponíveis em lojas especializadas, como os modelos portáteis de uma boca, que utilizam cartuchos de butano ou propano. São bastante práticos e leves e seu cartucho tem durabilidade suficiente para as refeições de pelo menos um fim de semana.

SUPORTES DE FOGÃO
São usados para manter a panela ou caneca acima do fogão, para dar espaço entre as chamas e a parte de baixo do recipiente, permitindo o fluxo de oxigênio. Existem muitos tipos de suporte dobrável pequeno, mas vários não protegem do vento. Também

existem modelos de aço inoxidável para canecas, canecas de cantil e panelas. Tenha em mente que o suporte precisa se encaixar bem no jogo de panelas para não ocupar mais espaço na mochila. Você pode fazer um suporte de fogão a partir de qualquer lata grande (veja abaixo) cortando as partes de cima e de baixo da lata e então fazendo vários furos em torno dos terços superior e inferior da lata, para permitir o fluxo de oxigênio.

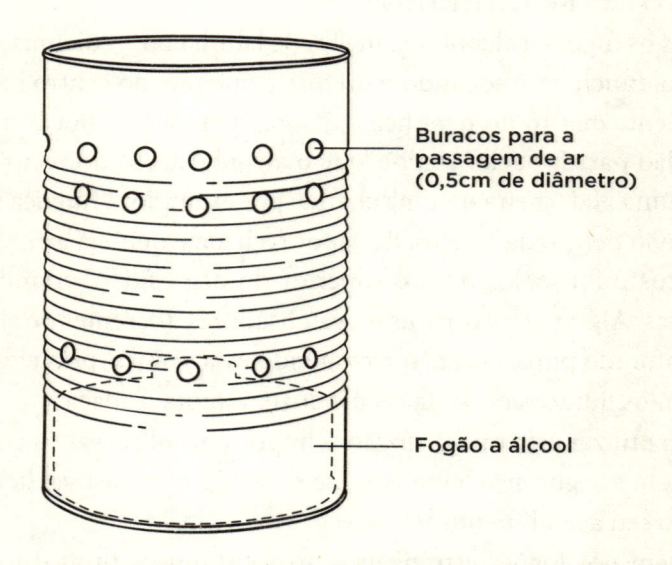

Buracos para a passagem de ar (0,5cm de diâmetro)

Fogão a álcool

Suporte de fogão simples feito com uma lata grande

DICAS E TRUQUES PARA COZINHAR NO MATO

1. Cozinhe a carne em água fervente para preservar o máximo do valor nutricional da proteína e beba o caldo – ele contém gorduras essenciais.
2. Pedras usadas para cozinhar ou para ser colocadas numa fogueira nunca devem vir de leitos de córregos ou de rios. Mesmo que pareçam secas, podem reter umidade e rachar ou até explodir ao serem aquecidas, o que é um perigo.
3. Fogueiras são para aquecer e brasas são para cozinhar. Sempre que fizer uma fogueira, deixe-a queimar até apagar. Você vai poder usar as brasas para cozinhar.
4. Cuidado ao escolher o local da fogueira. Considere a direção e a força do vento, para que as chamas não fujam do controle.
5. Quando estiver deixando uma área, certifique-se de que as fogueiras estejam completamente apagadas, sem nenhuma fumaça saindo do carvão. Triture e espalhe a madeira carbonizada, para causar o menor impacto possível na área.

CAPÍTULO 5

Abrigos

"*É fácil achar um lugar agradável para descansar num terreno montanhoso e bem arborizado. Mas, numa região plana, por vezes é difícil encontrar água potável e um local elevado e seco.*"
– Horace Kephart, *Camping and Woodcraft*, 1919

Escolher o abrigo apropriado é uma tarefa que depende do ambiente, da estação do ano e do tempo que você pretende passar no mato. Um abrigo bem construído, de materiais duráveis, pode fazer a diferença entre uma noite de sono segura, aquecida e seca e uma situação de risco de vida. Para ajudar você a tomar as melhores decisões, este capítulo detalha algumas opções – de tipos de cobertura a sacos de dormir e cobertores –, incluindo aquelas feitas de materiais naturais, que você pode construir rapidamente ou em caso de emergência. Você também aprenderá habilidades essenciais para cuidar do seu abrigo e para criá-los, além de formas de dobrar e guardar os componentes. De toldos e bivaques até a posição adequada da fogueira em relação ao equipamento, você encontrará as informações fundamentais para escolher e preservar itens essenciais para abrigos e coberturas – mais um dos Cinco Cs necessários para criar um microclima de proteção das intempéries.

TOLDOS E BARRACAS DE LONA

Tradicionalmente, usa-se o termo "lona" para se referir a um tecido grosso, de linho ou algodão (chamado de "lona comum" neste livro), mas ele passou a designar também materiais de plástico comum, polipropileno, nylon siliconado e linóleo, por exemplo – cada um com seus prós e contras.

É fácil guardar e carregar toldos e barracas de lona na mochila. São as opções mais versáteis, dependendo do tempo. Alguns tipos de abrigo têm piso, evitando que a pessoa pise diretamente no solo. Mas, se a barraca não for bem montada, um piso impermeável pode causar vários problemas.

1. Se água escorrer por baixo do abrigo, vai se acumular ali, pois não conseguirá atravessar a lona. Com o tempo, se formará um bolsão d'água e o piso cederá.
2. Se a água se infiltrar na barraca por cima, ficará retida no piso.
3. Sem fluxo de ar por baixo da barraca ou lugar para a umidade escapar, o vapor da água condensada durante a noite ficará retido, dificultando o sono.

Portanto, é importante ficar atento à montagem correta. O Capítulo 7 tratará mais detalhadamente desse assunto.

POLIPROPILENO E NYLON SILICONADO

O **polipropileno** é um material leve e muito barato. O problema é que ele não tem boa durabilidade. Um campista experiente jamais optaria por esse material para um abrigo que vá usar com frequência, por causa do possível impacto ambiental.

Outra desvantagem da lona de polipropileno (que, aliás, pode ocorrer com qualquer material) é que ela sempre tem ilhoses ou anéis de metal, e não pequenos laços costurados na borda da lona e reforçados. É melhor ter laços de verdade ou tirantes propriamente ditos em vez de ilhoses, pois eles oferecem mais apoio e tensionam menos o material, sem perigo de rasgar a lona.

O **nylon siliconado** é de longe o material mais usado hoje em dia para abrigos. Suas principais vantagens são a leveza e a alta compactação, podendo ocupar um volume bem pequeno. O principal senão para quem pretende passar muito tempo em campo é que ele pega fogo com facilidade. Além disso, muitas lonas desse tipo têm ilhoses, que danificam o material quando tensionado. Tenha em mente que, assim como acontece com todos os outros itens essenciais do seu kit, as lonas precisam ser multifuncionais e duráveis, portanto busque modelos de boa qualidade.

LONA COMUM

A lona tradicional de tecido é um dos materiais mais resistentes para toldos ou barracas. Os modelos atuais são bem mais resistentes ao fogo e ao mofo do que os antigos, podendo ser usados a longo prazo. A principal desvantagem é o peso: qualquer pedaço com mais de 2m × 2m precisa ser carregado por algum meio de transporte. E alguns modelos não são impermeáveis. A lona comum costuma ter pontos de ancoragem bem costurados, mas ainda assim é melhor evitar ilhoses.

Barracas com lona de 2,5m × 2,5m, 3m × 3m ou 2,5m × 4m são as mais úteis para o viajante solo. É importante que sejam resistentes às mais diversas condições climáticas.

COMO TRANSFORMAR UMA LONA EM BARRACA

Pegue uma lona simples de tecido para pintura – 3m × 4m é um bom tamanho, que permite diversas configurações. Para transformá-la numa barraca, você precisa criar pontos de ancoragem para fixar estacas e prender cordas.

Estenda a lona no chão. Pegue cada ponta e envolva um pedaço pequeno de madeira, uma pedra ou um feixe de folhas com ela. Usando uma corda, dê um nó para formar um volume (veja a ilustração a seguir), deixando uma sobra para amarrá-la em uma estaca ou em outro lugar.

Assim que fizer isso com os quatro cantos da lona, dobre-a no sentido do comprimento e repita o procedimento nos dois novos cantos. Desdobre-a, então volte a dobrá-la, mas no sentido da largura, e faça o processo de novo. Você também pode criar pontos de ancoragem nas bordas, equidistantes dos outros, e uns dois no centro da lona. Dessa forma, você terá várias opções de ancoragem.

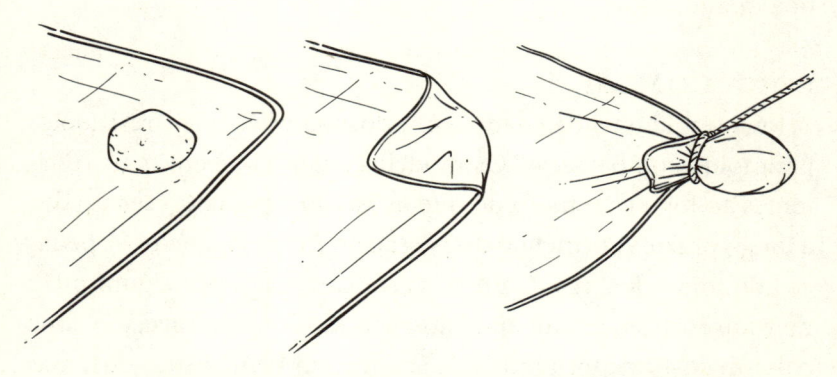

Ponto de ancoragem improvisado com pedras

LINÓLEO

O **linóleo** é um tecido impermeável que serve bem para um uso de longo prazo. Uma lona de 2,5m × 2,5m é fácil de guardar e carregar na mochila. A única desvantagem do linóleo é o fato de ser muito inflamável. Alguns modelos são mais pesados do que outros, dependendo do tipo de algodão, mas o algodão egípcio bom é leve e durável. Como pontos de ancoragem, prefira laços a ilhoses.

COMO IMPERMEABILIZAR A LONA DE TECIDO
Você precisará de:

- Lona de pintura feita de tecido com mais de 250g/m²
- 1 litro de tíner
- 1 litro de óleo de linhaça fervido, disponível em lojas de materiais de construção
- Pigmento para concreto (opcional)

1. Lave a lona na máquina e depois a deixe secar. Isso fará com que as fibras se fechem.
2. Misture o tíner e o óleo de linhaça em uma proporção de 1:1. **CUIDADO:** Óleo de linhaça e tíner são inflamáveis e voláteis. Realize este procedimento em lugar aberto, bem ventilado e longe de qualquer fonte de calor.
3. Você precisará dessa combinação de produtos químicos: o óleo de linhaça impermeabiliza o tecido e o tíner permite que o óleo seque. Se você usar só o óleo de linhaça, o tecido não secará e ficará oleoso e grudento.
4. Agite bem a mistura.
5. Se quiser, acrescente o pigmento para concreto à mistura para obter a cor desejada.
6. Pendure o toldo numa cerca ou num varal e passe a mistura com um pincel, cobrindo igualmente todas as áreas. Certifique-se de que o toldo fique bem saturado.
7. Deixe o toldo pendurado até secar, por cerca de 48 horas. O cheiro levará cerca de uma semana para sair. **ATENÇÃO:** Cuidado para não expor o toldo a fogo, pois, como falado, o óleo e o tíner são inflamáveis.

LEITOS

Existem muitos tipos de leito no mercado, feitos de diversos materiais. Embora ocupem pouco espaço, colchões infláveis podem acabar furando. Já colchonetes de espuma são muito resistentes a rasgos causados por gravetos e raízes e, mesmo que o solo esteja úmido, são fáceis de secar.

Eu prefiro um tapete de ioga. Lembre que, se ele for preto, absorverá calor. Além disso, é mais flexível do que um colchão de acampamento tradicional, de modo que também pode ser utilizado para primeiros socorros – por exemplo, para estabilizar um joelho deslocado ou um osso quebrado.

Qualquer que seja sua escolha, certifique-se de que atenda aos seus propósitos. O leito deve ser espesso o bastante para combater os efeitos da condução térmica (ou seja, deve evitar que a temperatura do solo esfrie seu corpo) e ao mesmo tempo fácil de carregar fora da mochila.

SACO DE FOLHAS

Um **saco de folhas** é feito de um material leve, uma espécie de fronha de travesseiro gigante, um saco do comprimento do seu corpo que pode ser usado como colchão quando enchido com folhagem. Dobrado, ocupa pouco espaço.

Também serve como um recurso adicional para manter o calor. O melhor de tudo é que ele evita que o frio do solo diminua sua temperatura corporal. Apesar dessas vantagens, é importante ter em mente que você precisará de certo tempo para preparar seu saco de folhas.

COBERTORES TÉRMICOS DE EMERGÊNCIA

Esses cobertores são muito úteis, podendo funcionar também como refletores de calor, colchonetes ou toldos. A maioria conta com pelo menos um ilhós em cada ponta. Embora esse não seja o método ideal para ancoragem, numa emergência pode ser muito útil. Leves e feitos de alumínio, são um ótimo recurso, pois criam uma barreira contra a umidade do solo. Para alcançar a eficácia máxima, vire a superfície refletora para cima no inverno e para baixo no verão.

REDES

As **redes** são usadas há séculos, embora sejam uma novidade para o trilheiro moderno. Sua vantagem é manter você longe do solo e acima dos insetos – e, quando combinadas com um bom toldo, dificilmente molham, mesmo numa chuva forte. Podem ser instaladas rapidamente e proporcionam um sono muito confortável.

Para o acampamento, você deve levar redes leves e fáceis de guardar na mochila. A maioria dos modelos modernos é feita de material de paraquedas similar ao nylon, mas também pode ser de corda ou de lona.

COMO INSTALAR A REDE

Instalar uma rede não é tarefa complicada e é melhor levar uma se você está fazendo uma trilha rápida ou evitando carregar mais peso. A maioria das redes modernas é amarrada entre duas árvores usando cordas fortes ou amarras de materiais como fita de nylon e vem equipada com mosquetões que podem ser presos às alças. Você pode deixar a rede mais frouxa ou esticada de acordo com sua preferência, para controlar a altura dela em relação ao solo, mas tenha em mente que as alças vão se esticar quando você se deitar nela pela primeira vez, mesmo que as amarre bem firme. Algumas pessoas preferem a rede bem esticada, pois sentem que assim têm melhor apoio quando dormem, mas outras gostam mais dela frouxa.

Você pode pendurar um toldo sobre a rede como uma cobertura impermeável, criando um ambiente aconchegante, especialmente se o tempo estiver agradável. É possível usar a rede no inverno, mas cuidado com a hipotermia: amarre um colchonete espesso ou uma manta debaixo da rede para evitar que a brisa fria entre em contato com seu corpo. Você também pode colocar um saco de dormir ou um cobertor de lã dentro da própria rede. Uma terceira opção é prender o toldo mais baixo e perto da rede – ele reterá melhor o calor liberado pelo seu corpo.

SACOS DE DORMIR

Ao confinar o calor que emana naturalmente do seu corpo, você permanece aquecido por mais tempo. E é exatamente isso que fazem os **sacos de dormir**.

Hoje em dia, eles são a norma no campismo. Existem muitos materiais sintéticos capazes de gerar isolamento térmico e reter o ar aquecido. Sacos de plumas servem bem para isso, mas têm uma grande desvantagem: acumulam a umidade do corpo e ficam saturados após dias no mato. Porém, se você pratica bushcraft em áreas secas e menos úmidas, um modelo desses de lona funciona bem numa noite fria.

Existem três tipos básicos de saco de dormir:

- Sarcófago: Mais largo na altura dos ombros e mais estreito nas pernas, com capuz para cobrir a cabeça. O formato limita um

pouco os movimentos, mas apresenta boa retenção de calor, por isso é bastante indicado para climas mais frios.
- Retangular: Ocupa bastante espaço, pois é volumoso. Pode ser usado também como manta, pois normalmente o zíper abre todo o compartimento. Recomendado para situações não muito desafiadoras e para climas amenos, na primavera ou no verão.
- Semirretangular ou misto: Não tão afunilado quanto o tipo sarcófago, permite melhor liberdade de movimentos, porém retém menos calor.

Seja qual for o modelo escolhido, fique atento às indicações do fabricante, ao tipo de material e ao limite de temperatura do equipamento.

ISOLANTE TÉRMICO

Item frequente no equipamento dos campistas, o **isolante térmico** serve como forro e deve ser usado sob o saco de dormir. De maneira geral, é feito de um material bastante flexível, emborrachado, fabricado em EVA e com uma face aluminizada, que deve estar sempre em contato com o corpo, evitando que o frio do solo reduza sua temperatura corporal. A desvantagem é o volume; normalmente você precisa carregá-lo no lado de fora da mochila.

BIVAQUE

O **bivaque** é um saco impermeável que cobre sua cabeça e o saco de dormir e proporciona uma camada adicional de proteção contra o frio e a umidade. Muitos são, na verdade, barracas tubulares que você usa para dormir. O bivaque oferece um espaço fechado que lhe permite respirar, assim como proteção contra insetos e intempéries. Alguns têm um revestimento impermeável que fornece mais isolamento térmico e fica preso diretamente no saco de dormir.

COMO CARREGAR OS SACOS DE DORMIR

Evite dobrá-los sempre da mesma forma, pois isso pode criar vincos que prejudicarão seu enchimento. Quando sair a campo, acondicione-o dentro de sua mochila, fazendo um movimento de torção para guardá-lo de maneira comprimida. Alguns modelos já vêm com um saco de compressão, o que facilita esse trabalho e ajuda você a ganhar espaço.

COBERTORES DE LÃ

São, de longe, a melhor escolha para expedições de longo prazo por ter grande versatilidade, mas, para dormir confortavelmente com um cobertor de lã, você precisará de uma cama de folhagem ou um saco de folhas e talvez também de uma fogueira de tamanho considerável bem perto da cama.

DICA DE BUSHCRAFT

Para dormir num cobertor de lã, é importante entender como calcular o calor sentido de acordo com o posicionamento da fogueira. Para isso, é preciso compreender a lei do inverso do quadrado. Por exemplo, vamos supor que você esteja a 1m da fogueira. Se você se afastar mais 1m, estará a 2m, dobrando a distância. Para calcular o calor dessa nova distância, use a seguinte fórmula: $1/x^2$. Nesse caso, x é 2, pois você dobrou a distância. Assim, $(1/2)^2 = 1/4$. Ou seja, a 2m você só sentirá 25% do calor que sentia a 1m. Tenha isso em mente ao decidir a que distância da fogueira vai ficar.

Muitas pessoas defendem que cobertores modernos de materiais baseados em lã manterão você aquecido e seco no mato.

Isso é verdade, mas saiba que quanto mais lã houver na composição do material, mais eficiente será o cobertor. Cobertores 100% de lã são resistentes a água, não pegam fogo com facilidade e conservam cerca de 70% a 80% do isolamento térmico, mesmo molhados. E, claro, um modelo com 70% de lã terá uma eficácia 30% menor.

Nem todos os cobertores de lã são fabricados da mesma maneira e você deve levar em conta alguns aspectos antes de fazer sua escolha. Os feitos à mão num tear com lã virgem (ou seja, lã tecida pela primeira vez) são superiores aos feitos por máquinas. Nesse caso, é melhor que a lã tenha uma trama mais frouxa.

Leve um cobertor de casal e outro de solteiro, pois assim você terá o máximo de opções não só para dormir, mas também para se proteger ao longo do dia. Essa versatilidade do cobertor de lã é uma grande vantagem em relação a outras formas de abrigo, como os sacos de dormir. Se não encontrar modelos grossos, costure alguns finos uns nos outros.

ABRIGOS NATURAIS

A habilidade e o conhecimento necessários para construir abrigos naturais são as coisas mais importantes que qualquer mateiro iniciante pode ter. Por quê? Porque um abrigo adequado é o componente mais importante para a sobrevivência.

Você pode carregar muitas coisas no próprio corpo, mesmo sem mochila; perdê-las seria no mínimo um grande inconveniente. É possível prender ferramentas de corte, dispositivos de combustão e recipientes ao seu cinto, e levar cordas nos bolsos ou na mochila, mas um abrigo adequado é muito mais relevante que tudo isso. Se por algum motivo ele for danificado, inutilizado ou perdido, é fundamental saber construir outro.

O segredo é saber o tipo de abrigo certo e o que usar. A primeira questão a se considerar é o material disponível na área. Madeira morta causa menos impacto ambiental, exige o mínimo de esforço físico e consome menos tempo para coletar; por outro lado, é preciso ter certeza de que ela consegue aguentar um peso considerável e é segura para a montagem da estrutura (veja também a primeira dica da página 194). O suporte principal deve ter no mínimo 8cm de diâmetro e ser de madeira verde, se possível. Não há risco em usar madeira morta para construir estruturas externas que não sustentem muito peso.

Existem três formas principais de abrigo natural: o **abrigo de alpendre**, o **abrigo em "A"** e o **abrigo de detritos**. Mas você também pode construir um para imitar um toldo.

ABRIGO DE ALPENDRE

Se o clima estiver bom e você puder aproveitar a brisa, um abrigo de alpendre é a melhor opção. O primeiro passo é prender uma simples vara em galhos de duas árvores próximas. Em seguida, encontre outros troncos de árvores jovens caídos e os apoie na vara num ângulo de 45° em relação ao solo. Depois trance entre eles galhos, ramos e arbustos na horizontal. Por fim, faça a impermeabilização do alpendre acrescentando mais galhos grossos cortados na extensão, com as partes cortadas voltadas para cima, formando uma espécie de calha. (Assim, a água da chuva é canalizada e cai longe do abrigo. Do contrário, escorreria e cairia dentro dele.) Evite madeiras que possam represar água ou fazê-la pingar no interior do alpendre.

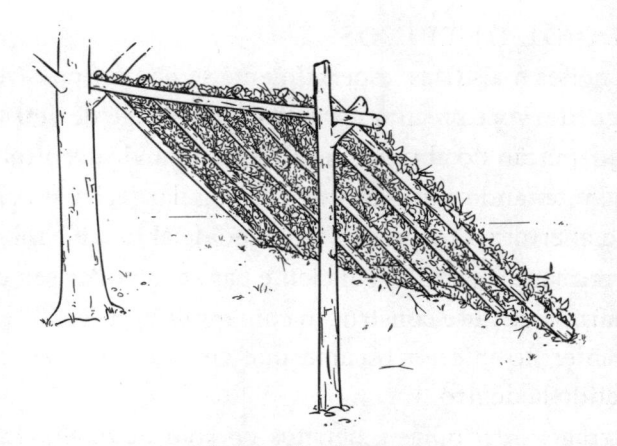

Abrigo de alpendre

ABRIGO EM "A"

Para lugares mais chuvosos ou frios, complemente o abrigo de alpendre construindo o lado que falta e criando um abrigo em "A". Evite deixar galhos ou troncos de suporte interno despontando para fora, porque eles podem levar a água da chuva para dentro. Quanto mais frio estiver, mais espessa deverá ser a cobertura. Se quiser fazer um isolamento térmico, a cobertura deve ter pelo menos 10cm de espessura, formada por folhas, ramos, arbustos, etc.

Abrigo em "A"

ABRIGO DE DETRITOS

Para as noites mais frias, especialmente se não for possível fazer uma fogueira, você precisará construir um abrigo de detritos. Ele é uma adaptação do abrigo em "A" com uma viga central apoiada no solo, criando uma estrutura triangular fechada com uma pequena abertura. O segredo desse tipo de abrigo é lembrar que ele só precisa ter tamanho suficiente para acomodar seu corpo e nada mais. Você deve construí-lo com o mínimo espaço possível para manter no interior o calor, que virá todo do seu corpo e ficará retido lá dentro.

A forragem de folhas e detritos no solo de qualquer abrigo deve ter pelo menos 10cm de espessura quando comprimida pelo seu corpo, para evitar os efeitos de condução, quando o frio do chão é transferido para o seu corpo. Quando você já estiver dentro do abrigo, pode usar a própria mochila para bloquear o buraco de entrada, como um alçapão.

Abrigo de detritos

DICAS E TRUQUES PARA ABRIGOS INTELIGENTES

1. Ao usar a lona para abrigos no solo em climas mais frios, use detritos, como folhagens ou cascas de árvores, para criar uma camada de isolamento térmico nas beiradas. Com isso, você reduz o vento que entra por esses pontos.
2. Redes servem como cadeiras durante o dia se você pendurá-las num galho que aguente seu peso, podendo colocar uma madeira plana na parte onde você vai se sentar.
3. Se o toldo precisar de um reforço na impermeabilização, uma solução simples é esfregar nele todo uma barra feita de duas partes de cera de abelha e uma parte de sebo ou gordura.
4. Se quiser usar um saco de folhas como colchão e os detritos disponíveis no chão estiverem úmidos, revista o colchão por dentro com um saco plástico de lixo de 200 litros antes de enchê-lo. Isso impedirá que a umidade chegue até seu corpo.
5. Nunca durma a menos de 1m de qualquer fogueira, para evitar brasas que possam saltar.

CAPÍTULO 6

Combustão

"Possuir os meios e o conhecimento para fazer fogo a qualquer momento é um pré-requisito para viver e sobreviver no mato."

– MORS KOCHANSKI, 1987

Desde o começo dos tempos, o homem precisou do fogo, não só para aquecer o corpo, mas também para cozinhar e conservar alimentos, iluminar as paredes escuras da caverna quando pintava suas caçadas e ter algo para olhar antes de adormecer à noite. O fogo tem sido usado para afastar animais que poderiam atacar humanos desprevenidos no sono e para afugentar coisas assustadoras à noite (imaginárias ou reais). Hoje em dia, nossas necessidades ligadas a ele são igualmente importantes: precisamos dele para nos aquecer numa noite fria, para cozinhar e para ferver água e torná-la potável, segura para consumo.

Sabendo como o fogo é essencial, você precisa levar um dispositivo de combustão para o mato. Existem muitas maneiras primitivas de fazer fogo – daria para escrever um segundo volume só para falar desse assunto –, mas lembre que o objetivo deste livro é "facilitar" sua vida no mato. É muito difícil fazer fogo somente a partir de materiais naturais, sobretudo em certos ambientes, e além de tudo é preciso ter muita habilidade nessa tarefa. Dito isso, existem três métodos confiáveis de ignição prontamente disponíveis hoje em dia:

1. O isqueiro
2. A pederneira
3. A lente de aumento

ISQUEIRO

Assim como qualquer outro equipamento, existem milhares de opções de isqueiro disponíveis. Qual é a melhor? A que for mais confiável no mau tempo, que dure mais na mochila quando não estiver em uso e que seja fácil de utilizar quando necessário. Isqueiros que precisam ser carregados com fluido são propensos a evaporação e, se não forem descartáveis e precisarem de substituição de peças, então não são confiáveis.

Leve pelo menos três isqueiros: um no bolso, um na pochete ou numa bolsa menor e um na mochila. O peso deles é insignificante e os benefícios são enormes. A regra de ouro para determinar se um isqueiro presta é a seguinte: ele deve precisar de no máximo cinco segundos para acender uma mecha (veja mais sobre isso na página 134); se demorar mais que isso, é um desperdício de recursos.

Isqueiros que funcionam com gás, não fluido, têm um ponto fraco: são vulneráveis ao frio. Se a temperatura estiver abaixo de 0ºC, eles não acenderão. A melhor forma de evitar esse problema é manter um próximo ao corpo, num bolso.

Se por algum motivo seu isqueiro molhar – seja a gás ou fluido –, ele só voltará a acender quando estiver seco. Para isso, você pode: 1) deixá-lo num canto até secar; ou 2) abri-lo, secar a pedra de ignição e recolocá-la para fazê-lo funcionar.

Ainda que você opte pelo isqueiro, é sempre bom ter uma caixa de fósforos sobressalente. Para protegê-los da umidade, você pode guardá-los em uma embalagem plástica (como aquelas de comprimidos), recortando a parte da lixa da caixa e colando-a do lado de dentro da tampa da embalagem. Lembre-se de colocar os fósforos com a cabeça virada para baixo. Você também pode simplesmente colocar a caixa de fósforos dentro de um saquinho plástico.

PEDERNEIRA

Trata-se de um pequeno bastão de material pirofórico (que produz faíscas) como ferro, magnésio, cério, lantânio, neodímio e praseodímio. Alguns deles têm uma temperatura de combustão muito baixa, logo, para fazer fogo, basta você friccionar a pederneira usando uma lâmina afiada com dorso de 90° que seja mais dura do que o material do bastão. Ela raspará o material e produzirá uma fagulha de aproximadamente 1.650°C. No mato, o melhor é ter a pederneira maior e mais longa possível, pois isso aumenta a superfície e a área de fricção. Eu carrego uma de 1,5cm de diâmetro e 15cm de comprimento. Muitos bastões têm cabo de plástico ou de madeira, mas que precisa ser perfurado e aparafusado – do contrário não há cola epóxi que o impeça de se soltar em algum momento. Assim, é melhor comprar um bastão simples e envolvê-lo com fita isolante, que só desgrudará se você removê-la. Também não é difícil encontrar o kit de pederneira em lojas de camping.

Se você friccionar a pederneira da forma correta, precisará de, no máximo, três tentativas para acender a mecha. Do contrário, há algum problema com ela e você precisará descobrir qual é.

Pederneiras raramente dão problema, mas é necessário ter certos cuidados para conservá-las. Se você ficar sem usá-la por muito tempo, ela pode acabar oxidando. Remova a ferrugem com o dorso da faca ou passe uma fina camada de tinta em spray e raspe-a quando for utilizar a ferramenta da vez seguinte. Mas atenção: se você fizer uma pressão desigual no movimento de raspagem, pode criar um desnível na pederneira. Para fazê-la voltar a funcionar adequadamente, é necessário consertar o desnível ou ele acabará agindo como quebra-molas na hora da fricção. Para nivelar o bastão, você precisa raspar com força a parte irregular até deixar a superfície plana novamente.

LENTE DE AUMENTO

Do ponto de vista do gerenciamento de recursos, é o melhor método de fazer fogo. Num tempo ensolarado, você só precisa de materiais naturais para acender uma chama. Em questão de segundos a lente inflama um material já carbonizado. O tamanho da lente é mais importante do que a capacidade de ampliação – quanto maior a superfície que captará os raios do sol, melhor a lente funcionará. Mas não precisa exagerar: um modelo simples de 4cm a 5cm de diâmetro é suficiente. Existem latinhas para mechas com lentes embutidas, que foram projetadas para transportar tabaco e depois acender um cachimbo. Elas servem bem para guardar madeira carbonizada e outros materiais para acender fogo. É um kit compacto e muito útil. A lente grande de um par de binóculos velho ou uma lente de Fresnel simples também cumprem o papel.

FACA/MACHADO

Você também pode usar a faca para fazer fogo se a lâmina for de aço-carbono e tiver boa dureza de acordo com a escala Rockwell. Para isso, é necessária uma pedra – como ferrocério, sílex ou quartzo – com índice de dureza 7 ou superior. Raspe ou bata a pedra no dorso da lâmina. Assim você remove partículas de ferro, que são pirofóricas como as da pederneira, embora suas fagulhas sejam de "apenas" cerca de 430ºC. Para isso você precisará de material seco e fino. Use a brasa inicial para acender um material inflamável ou um ninho de pássaro (falaremos dele na página 135).

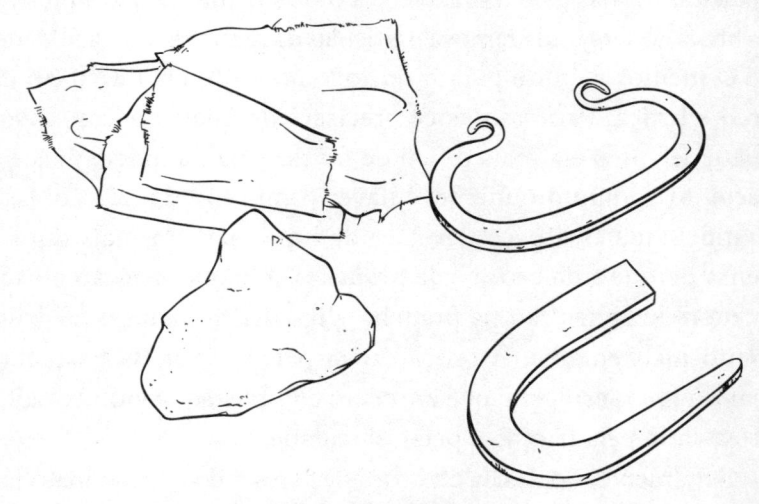

Conjunto de ferrocério e aço

FOGO POR FRICÇÃO (GRAVETOS)

Nesta seção vou explicar os princípios básicos da combustão primitiva. Muitos fatores podem fazer a diferença na hora de acender uma chama com gravetos, e a maioria dos livros passa a impressão de que é muito mais fácil do que realmente é. Para começar, entenda que qualquer fogo precisa de calor, combustível e oxigênio para queimar.

Sua meta aqui é produzir carvão; depois você vai transferi-lo para um "ninho de pássaro" (isca) e o assoprará até criar a chama.

Nesse método, para produzir carvão, você precisa gerar uma brasa viva. O pó da fricção dos gravetos (serragem) é compactado e se transforma numa superfície pequena para promover o fluxo de oxigênio.

A umidade é o fator principal que impede a ignição. O outro fator determinante para fazer fogo são as madeiras. Você precisa de madeiras macias para a prancha e a broca, de modo que a pressão da broca ao ser girada remova partículas da prancha com facilidade.

O melhor método para fazer fogo no estilo primitivo é o de **arco e broca**. Para isso, você precisará de quatro peças. O soquete de apoio é a mais difícil de fabricar na natureza, pois é a parte do conjunto onde deve haver o mínimo de fricção. Isso significa que essa peça deve ser de uma madeira mais dura e densa do que a da broca e da prancha. Qualquer fricção no soquete reduz a fricção na prancha, dificulta o manuseio e exige muito mais energia. A broca vai raspar madeira da base, formando uma serragem, que entra em combustão devido ao calor provocado pela fricção e pela velocidade.

Geralmente, a prancha e a broca devem ser do mesmo material. Uma boa regra é escolher uma madeira que seja macia a ponto de você conseguir raspá-la com a unha. E, como já falei, é fundamental evitar a umidade, obtendo madeira seca ou deixando-a secar ao sol.

Use um galho resistente para fazer o arco; se ele for levemente curvado, melhor. A madeira pode ser verde ou morta, desde que seja forte o bastante para segurar uma linha ou corda de arco esticada com cerca de 10cm de comprimento.

Os requisitos são os seguintes:

- A broca deve ter aproximadamente o diâmetro do seu polegar e o comprimento da ponta do seu polegar até a ponta do seu dedo mínimo com a mão bem aberta – ou algo entre 20cm e 25cm.

- A prancha precisa ser 2,5 vezes mais larga do que a broca, com espessura de cerca de 1,5cm.
- Para acender o fogo, use a canela para travar a mão que segura o soquete, mais ou menos da forma como você trava o pulso numa alavanca de joelho (veja página 39). Certifique-se de que a broca esteja perpendicular à prancha.

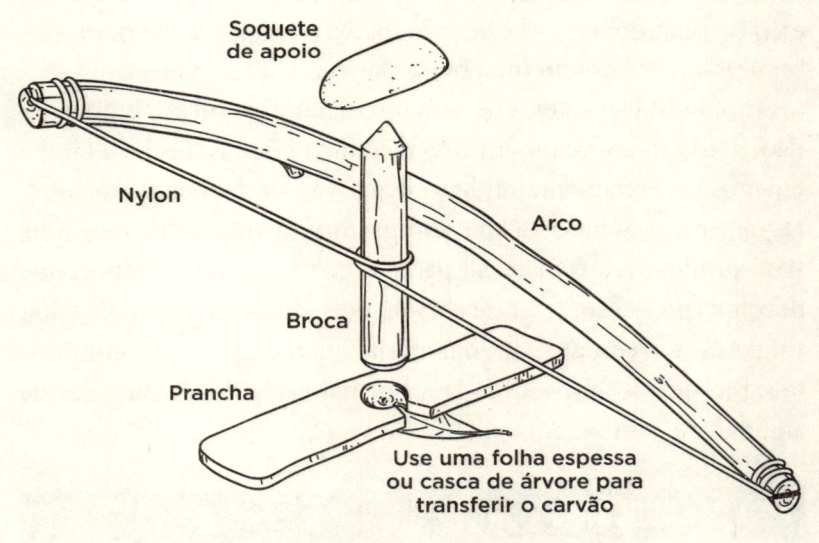

Kit de arco e broca para fazer fogo

Enrole a corda do arco na broca. Aplique uma pressão constante para baixo no soquete e na broca e use toda a extensão da corda do arco para obter o máximo de rotações a cada movimento, fazendo o movimento para a frente e para trás, girando a broca. Comece com pouca força. Conforme o pó começa a se acumular, você pode aumentar um pouco a velocidade. A fricção vai gerar calor, que fará o pó entrar em combustão e se transformar em carvão em brasa. A maioria das pessoas inexperientes comete o erro de girar rápido demais logo no início. Ao fazer isso, você produzirá calor, mas nenhum material para combustão.

LATINHA CARBONIZADORA

É uma parte essencial do kit de qualquer mateiro. Uma lata de pastilhas ou de graxa serve bem. Você vai usá-la para carbonizar madeira, criando um material que vai auxiliá-lo no processo de fazer fogo, algo fundamental quando não é possível encontrar iscas secas para acender o fogo (palha, ramos de pinheiro, sapê, etc.) ou quando o clima está úmido. Ao pôr fogo na madeira carbonizada, você obtém uma brasa para atear fogo na isca.

Para usar a lata, coloque nela um material natural, como algodão, madeira podre ou o miolo macio de plantas. Feche a tampa e deposite o recipiente no leito de carvão da fogueira. Ao superaquecer o conteúdo da lata sem permitir a entrada de oxigênio, você produzirá um material parecido com carvão. É importante deixar a lata esfriar antes de abri-la, pois, do contrário, o oxigênio vai entrar em contato com o material quente e provocar combustão. Em dez minutos, uma lata normal carboniza chumaços de algodão de 5cm × 5cm.

> **DICA DE BUSHCRAFT**
>
> Para descobrir se o material carbonizado vai funcionar na hora H, faça um teste. (A vantagem desse processo de carbonização é que, se for feito da forma correta, é possível criar uma brasa viva de imediato com uma única fagulha.) Em menos de cinco segundos você deve conseguir acender um material carbonizado com uma lente de aumento e a luz do sol. Dessa forma, você consegue acender fogueiras caso não tenha alguma isca.

DICAS E TRUQUES PARA FAZER FOGO

1. Um pavio de lamparina tubular pode ser usado para proteger sua pederneira e evitar a oxidação. Também tem como utilidade produzir brasa: carbonize uma extremidade acendendo-a na fogueira e abafe o fogo. Valendo-se de uma pederneira ou lente de aumento, produza brasa com a parte carbonizada.
2. Procure aprender os métodos primitivos de fazer fogo, que lhe proporcionam uma compreensão muito melhor do que é necessário para manipular o triângulo de fogo (oxigênio, ignição, combustível), mas esteja sempre preparado e tenha à mão equipamentos modernos para um caso de emergência.
3. Com o isqueiro a gás, você consegue descobrir se a temperatura está acima ou abaixo de 0°C. Se tentar acendê-lo e não der certo, é porque a temperatura está negativa. Se a temperatura estiver acima de 0°C, o isqueiro vai acender, desde que esteja em boas condições de funcionamento.
4. É sempre mais fácil fazer fogo com ignição solar durante as horas em que o sol está a pino, das 10 da manhã às 2 da tarde, e sempre será mais fácil fazer fogo no verão do que no inverno.
5. Ao manipular fogo, fique sempre atento à vegetação do entorno, para não provocar incêndios. Veja algumas dicas de segurança na página 190.

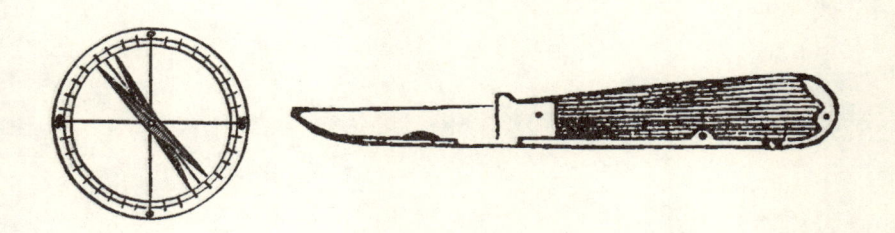

PARTE 2
Em campo

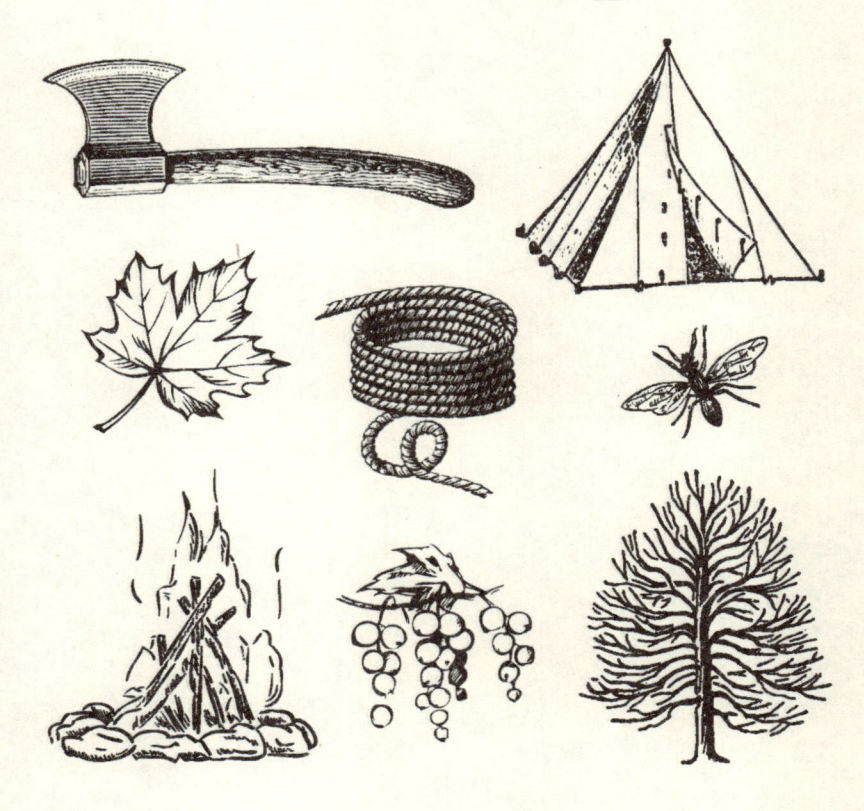

CAPÍTULO 7

A montagem do acampamento

"O abrigo proporciona um microambiente que complementa roupas inadequadas ou permite que você tire roupas pesadas, especialmente quando quer dar uma parada ou dormir num clima frio. O abrigo também maximiza o aquecimento de uma fogueira."

— Mors Kochanski, 1987

Uma das decisões mais importantes que você pode tomar no mato é onde montar acampamento. Grande parte dessa decisão se baseia num conjunto simples de regras (os quatro elementos, dos quais falaremos logo a seguir), mas outros pontos importantes devem ser considerados:

- Quanto tempo você pretende ficar?
- Você só parou para comer algo e descansar um pouco?
- Você vai ficar só uma noite e depois seguirá viagem ou pretende montar um acampamento-base no qual ficará vários dias?

Um acampamento-base, onde você pensa em ficar por um período longo, precisa ser projetado com mais cuidado, porque, com o passar do tempo, você acaba esgotando os recursos próximos.

OS QUATRO ELEMENTOS

Trata-se de um checklist simples porém fundamental, que inclui as coisas com que você deve se preocupar ao escolher um local para acampar:

1. Madeira
2. Água
3. Vento
4. Árvores mortas

MADEIRA E ÁGUA

O primeiro elemento é a **madeira**. Toda vez que parar para montar acampamento, pergunte-se:

- Eu tenho uma fonte de madeira próxima para realizar qualquer tarefa planejada para o acampamento que vou montar?
- Há lenha suficiente para o tempo que ficarei aqui?
- Há árvores caídas suficientes?
- Perto de onde vou acampar, há madeira para construir um abrigo, criar equipamentos para cozinhar ou fazer qualquer outra coisa que eu tenha planejado?
- A madeira disponível é apropriada para fazer fogueira ou para cozinhar?

Geralmente, para fazer uma fogueira que se aqueça rapidamente ou para começar uma fogueira, o ideal é escolher lenha seca e morta que se encontra espalhada pelo chão.

O segundo elemento é a **água**. Também é necessário se fazer algumas perguntas importantes antes de montar acampamento:

- Existe uma fonte próxima do acampamento onde eu possa coletar água facilmente?
- A fonte é de água corrente ou parada? Água parada evapora no verão e pode estagnar, aumentando a chance de bactérias, etc. Qualquer água obtida de uma fonte subterrânea precisará, no mínimo, ser fervida.
- O corpo d'água é grande o bastante para ter peixes comestíveis?
- A água atrai outros animais, como sapos, tartarugas, etc.? Se sim, ela é de qualidade.

Essas perguntas podem ajudar você a escolher um lugar para seu acampamento-base.

Além de ferver a água, é preferível também filtrá-la sempre que possível. Você pode montar um filtro básico e eficiente a partir de uma garrafa PET. Primeiro corte fora o fundo. Em seguida, vire a parte de cima de ponta-cabeça, vede o gargalo com um pano limpo e preencha a garrafa da seguinte forma: comece com uma camada de carvão, depois com uma de areia e uma de pedras pequenas.

Posicione um recipiente abaixo desse "funil" (pode até ser o fundo cortado da garrafa) e despeje a água no topo. Ao passar pelas três camadas, ela será filtrada, eliminando insetos e outras partículas. Por fim, escorrerá através do pano umedecido, pingando no recipiente.

VENTO E ÁRVORES MORTAS

O terceiro elemento é o **vento**. Ele sempre deve ser levado em conta, tanto pela ameaça que representa, podendo fazer fogueiras saírem do controle e virarem incêndios florestais, quanto pelos benefícios e incômodos que a brisa pode trazer.

Você também precisa ter o vento em mente ao fixar ou pendurar um toldo, pois ele pode jogar a fumaça da fogueira no seu rosto ou no abrigo à noite, impedindo que você aproveite a estadia. A elevação do acampamento influencia a quantidade de vento que o afeta. Ao acampar num cume, você fica mais exposto ao vento e ao frio. Lembre que o ar quente sobe e o ar frio desce; por isso, escolha um terreno de elevação moderada a alta, se possível.

O quarto elemento são as **árvores mortas** que continuam de pé e podem cair ou se quebrar com o vento. Elas podem representar um grave risco à sua segurança se estiverem próximas o bastante para desabar na área do seu acampamento ou onde você costuma ir pegar madeira ou água.

HIGIENE NO ACAMPAMENTO

Depois de escolher um local, você precisará pensar nas suas necessidades de higiene se for acampar por mais de uma noite. Como descartar os resíduos? Urina e fezes devem ficar afastadas de fontes de água e também do acampamento, para não atrair bactérias e animais.

Para urinar, é simples: a partir do acampamento, caminhe cerca de vinte passos na direção oposta às fontes de água e se alivie diretamente no solo ou numa árvore. Quanto a defecar, depende: se você não ficar muito tempo no mesmo lugar, simplesmente cave um buraco de 20cm a 25cm de profundidade quando surgir a necessidade e tape-o ao terminar, permitindo que o dejeto se decomponha naturalmente. Se permanecer mais tempo, a solução para o "número dois" é um pouco mais trabalhosa: cave uma vala pequena e comprida, mais funda do que o buraco. A cada ida, cubra as fezes com terra e vá se movendo um pouco mais ao longo da vala, se afastando cada vez mais do acampamento. Se estiver em grupo, você precisará de um sistema mais elaborado, como várias valas em diferentes áreas.

HIGIENE PESSOAL

Para a higiene pessoal diária, costumo usar uma solução antibacteriana natural. Para fazê-la, pegue cinzas brancas de uma fogueira feita com madeiras duras e acrescente à água quente na proporção de três partes de água para uma parte de cinzas. Lavo minhas roupas com essa solução, que substitui muito bem o sabão.

A fumaça da fogueira também é bactericida, com efeito a curto prazo. Basta ficar de pé junto às chamas e abrir as roupas para que a fumaça penetre, eliminando odores da transpiração.

Dentes limpos

Geralmente eu acampo com uma escova de dentes porque a considero muito superior a qualquer planta ou graveto de mascar. (Só de pensar numa farpa entrando na minha gengiva já fico nervoso.) Ela é pequena, muito leve, sem impacto no peso e no espaço da mochila.

Se tiver que improvisar, basta bochechar água quente; se precisar de um material abrasivo, misture cinzas na água. Caso haja taboa na região (veja foto dela na página 180), você pode mastigar seu broto fibroso ou friccioná-lo nos dentes.

Pés limpos e secos

Uma das questões mais importantes – ainda que negligenciada – que você deve ter em mente no dia a dia no mato são seus pés. Muitas coisas afetam os pés, e é preciso ter atenção especial a tudo para manter o conforto ao caminhar pelo mato. Botas de caminhada devem ser amaciadas e adequadas às necessidades impostas pelo ambiente. Os modelos de verão devem ter boa ventilação e os de inverno devem ter bom isolamento térmico. Também fique atento às meias; leve sempre algumas de reserva.

Ficar com os pés úmidos por muito tempo é um grande desconforto, não importa o clima. Troque as meias com frequência quando estiver caminhando; use pelo menos três pares por dia em trajetos mais longos. Não recomendo dormir de meias em nenhuma situação, a menos que você carregue um par especial, que seja bem largo e confortável. Mas, se precisar fazer isso, nunca durma com as que usou o dia inteiro. Meias apertadas reduzem a circulação e deixam os pés frios à noite, mesmo que você esteja usando um bom saco de dormir. Toda noite, antes de se deitar, seque os pés ao ar livre ou ao lado do fogo e, se não puder lavá-los com água, exponha-os à fumaça da fogueira.

TOLDOS E MONTAGEM DE COBERTURAS

O tipo de cobertura determina como você se adapta a uma situação específica. É por isso que sou um defensor fervoroso de toldos e barracas de lona. Mesmo que você esteja usando uma rede, a versatilidade é fundamental para uma noite de sono confortável em qualquer cenário. É importante que você use lonas que tenham o máximo de pontos para ancoragem e disponham de laços costurados na borda para puxá-las por fora e, com isso, aumentar o espaço interno.

As instruções a seguir explicam algumas formas de montagem mais comuns. Antes de começarmos, porém, precisamos nos familiarizar com o vocabulário básico:

- Quando um toldo é montado sem que nenhuma parte da lona toque o solo, falamos em **pendurar o toldo**. Esse tipo de configuração funciona muito bem acima da rede.

- Se uma parte da lona é presa no solo com uma estaca, você está **fixando o toldo**.
- **Armar um acampamento** é montá-lo, e **desarmar um acampamento** é desmontá-lo.

COMO PENDURAR UM TOLDO

Recomendo que você use uma lona quadrada, pois é mais versátil, ficando pendurada no sentido da diagonal, como um losango, ou no sentido do comprimento, como um quadrado mesmo. Você deve usar uma linha-guia (linha de cumeeira) como suporte principal superior do toldo, com 1,5cm de diâmetro e 8m de comprimento. Com essa extensão, você poderá pendurar a lona mesmo que as árvores estejam distantes. Siga estas instruções para a montagem segura de um toldo:

1. Para instalar a linha-guia, encontre duas árvores que servirão como ponto de fixação. Na primeira árvore, amarre-a usando um nó volta da ribeira. Na segunda, utilize o nó de caminhoneiro (veja os nós nas páginas 73 e 75). Isso fará com que sua linha-guia fique firme e suporte o peso da lona. Essa configuração é bastante simples e fácil de desfazer caso seja necessário.
2. Pendure a lona na linha-guia e ancore suas pontas no solo, amarrando cordeletes aos ilhoses ou laços e fixando-os com estacas. Você também pode usar elásticos de câmara de ar (faixas entre 15mm e 20mm de largura), que são bastante versáteis, pois não arrancarão suas estacas do solo em caso de ventania devido à sua flexibilidade.
3. É importante também fixar a lona na linha-guia para evitar que o toldo deslize. Para isso, você pode usar cordeletes ou elásticos presos aos ilhoses/laços.
4. Procure manter o toldo bem esticado, prendendo todas as suas pontas e evitando que ele fique solto.

ALPENDRE

Para fazer um alpendre simples, pegue uma lona retangular ou quadrada e prenda em uma linha-guia dois cantos opostos (ou do comprimento ou da largura, não opostos pela diagonal). Fixe o outro lado da lona no solo com estacas. O importante é escolher bem o ângulo do toldo, para manter uma temperatura adequada no alpendre e não deixar que a chuva entre.

ABRIGO EM LOSANGO

Esse é um dos meus abrigos favoritos e mais rápidos de montar. O ideal é usar uma lona quadrada. Prenda uma quina do toldo a uma árvore ou uma extremidade de linha de cumeeira. Em seguida, use estacas para fixar os três cantos restantes ao solo, criando um abrigo em forma de losango. Esse tipo tem muitas vantagens, sobretudo quando se usa a linha-guia, pois pode ser ajustado rapidamente para criar um alpendre se o clima estiver propício. Ele também protege você do sol durante as tarefas do acampamento e proporciona uma cobertura de três lados à noite ou quando o tempo estiver ruim. Caso a lona tenha laços nas bordas, você pode amarrar um laço central a outro objeto acima para aumentar a altura, criando mais espaço interno, ou mesmo prendê-lo a um bambu ou uma vara vertical fincada ao solo dentro do abrigo.

BARRACAS

O maior benefício das barracas é sua versatilidade, também podendo ser usadas em todas as configurações de um toldo normal. Elas geralmente são toldos quadrados com extensões na frente, que se transformam numa porta quando usadas em conjunto com uma vara ou quando a lona é presa por seu ponto central de ancoragem a uma linha de cumeeira. Com isso, forma-se uma estrutura de três lados com uma ou duas abas usadas como portas para criar um espaço fechado, assemelhando-se a uma barraca de camping triangular.

Você também pode fazer uma barraca com uma lona retangular grande, mas para isso precisará carregar uma lona maior do que o normal para obter o mesmo resultado.

Se a lona não tiver ilhoses nem laços, use nós e pedras ou madeira ou um feixe de folhas para prender as pontas da barraca (veja como fazer isso na página 100).

MANTA IMPERMEÁVEL

Ela é útil não só como uma barreira contra a umidade, mas também para evitar que você ou seu equipamento fiquem em contato direto com o solo. Você pode fazer uma manta com qualquer material impermeável. Ela só precisa ter no máximo o comprimento e a largura do seu corpo. Uma manta impermeável não ocupa muito espaço e pode facilmente ser acondicionada na mochila. Se o clima estiver propício, é possível até abrir mão do toldo.

COMO FAZER FOGUEIRAS

Fazer fogueiras é a habilidade mais importante que um mateiro deve dominar. O fogo é mais útil que qualquer item individual que você possa carregar. Com ele, você se aquece, seca as roupas, torna a água potável, prepara comida, produz cinzas ou carvão e afugenta o bicho-papão. Ao lado das labaredas, você contará as histórias das suas aventuras e sonhará com outras no futuro. O fogo do acampamento é a televisão da floresta, sempre mudando os canais enquanto queima noite adentro.

OS TRIÂNGULOS DA FOGUEIRA

Toda fogueira precisa de três componentes para queimar: **ignição** (ou calor), **oxigênio** e **combustível**. Ao compreender e dominar esses elementos, você domina a fogueira. A falta ou o excesso de um deles altera o resultado. Isso significa que você pode criar uma fogueira para se aquecer, cozinhar ou produzir carvão.

O combustível é dividido em um segundo triângulo: **mecha**, **acendalha** e **combustível** propriamente dito, itens importantes que vão aumentar ou diminuir sua chance de sucesso, sobretudo quando o clima não estiver ideal para acender uma fogueira.

- A *mecha* é o material mais combustível entre os componentes. Pode ser feita de materiais naturais ou produzidos pelo homem, mas o importante é que pegue fogo imediatamente em contato com uma fagulha ou uma brasa viva.
- A *acendalha* é feita de materiais naturais de diâmetro igual ou menor ao de um lápis. Dois terços da fogueira devem ser de acendalha.
- O *combustível* pode ser qualquer coisa maior do que a acendalha – pode ser até troncos, dependendo do tipo de fogueira que você deseja.

OBJETOS PARA FAZER FOGO

No Capítulo 6 falamos sobre os principais elementos do seu kit de fogueira:

- ❏ Isqueiro
- ❏ Pederneira
- ❏ Lente de aumento (lente solar)
- ❏ Latinha carbonizadora

Juntos, esses materiais fornecem os meios para produzir fogo. Agora você precisa do material para acender a fogueira: a mecha.

NINHOS

Um **ninho** é um tipo de mecha, um material altamente combustível moldado para se parecer com um ninho de pássaro. É importante que ele realmente tenha essa configuração: uma combinação de gravetos, palha e raspas de madeira finas, médias e grossas altamente inflamáveis. Capim e cascas de árvores macias também funcionam.

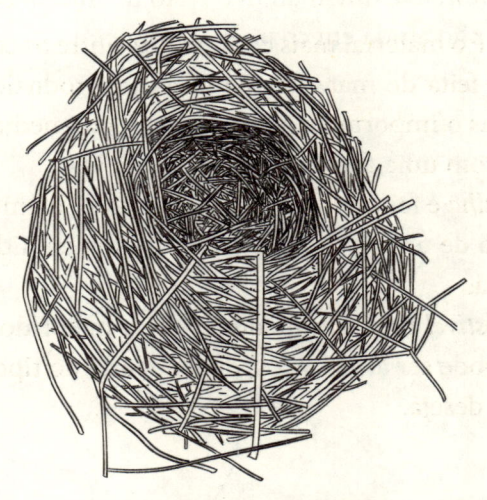

Ninho de pássaro

O ninho é usado em conjunto com uma brasa. Ela pode ser criada a partir de material carbonizado ou por outro método, como arco e broca (veja página 118). O ninho deve manter a chama acesa por tempo suficiente para inflamar a acendalha. Uma boa regra geral para mechas é fazê-las mais ou menos do tamanho de um punho fechado ou um pouco maior.

COMO ACENDER O NINHO

O ninho de pássaro funciona melhor quando o material está levemente verde ou úmido e pode ser que a brasa demore um pouco para virar fogo. Mantenha o ninho afastado da fogueira e coloque a brasa dentro dele, onde um ovo ficaria. Levante o ninho um pouco acima da altura da sua boca, tendo em mente que o calor sobe. Assopre de leve a brasa para aquecer o material em torno dela. À medida que a brasa e o material começarem a brilhar com mais intensidade, você pode aumentar o fluxo de ar até o ninho ficar em chamas. Quando isso acontecer, gire-o 180º para fazer as chamas subirem e inflamarem o resto do ninho. Para concluir, coloque o ninho ainda em chamas na fogueira.

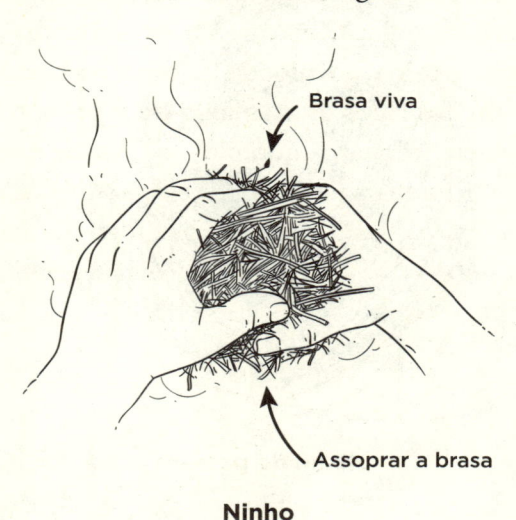

Ninho

FEIXES DE MECHA, FEIXES DE ACENDALHA, MECHAS RÁPIDAS E RESINA DE PINHEIRO

Os **feixes de mecha** diferem do ninho de pássaro por serem colocados na base da fogueira, geralmente acesos sem uma brasa. Para isso, a mecha deve estar seca e ser inflamável o suficiente para acender imediatamente em contato com uma fagulha da pederneira. Os materiais, o tamanho e o formato do feixe de mecha são parecidos com os do ninho, mas não é necessário expô-lo ao calor prolongado de uma brasa. Você pode combinar feixes de mecha e ninhos com um feixe de acendalha para prolongar o tempo necessário para manter a fogueira sustentável, o que lhe dará mais tempo para encontrar materiais para acrescentar à fogueira.

Feixes de acendalha
Um **feixe de acendalha** pode ser usado sozinho ou em combinação com um ninho ou um feixe de mecha. Com a chama do isqueiro, você consegue acendê-lo da maneira mais eficaz. Ao expor os materiais combustíveis do feixe de acendalha (como talos secos de capim e palha) ao calor do isqueiro, você pode abrir mão da mecha, um dos lados do triângulo do fogo. Enrole um feixe de acendalha em torno de um ninho ou feixe de mecha, acenda a chama e gire o feixe de acendalha lentamente, para que ele pegue fogo por inteiro; esse é o método mais eficiente caso você

Feixe de acendalha de pinheiro com mecha

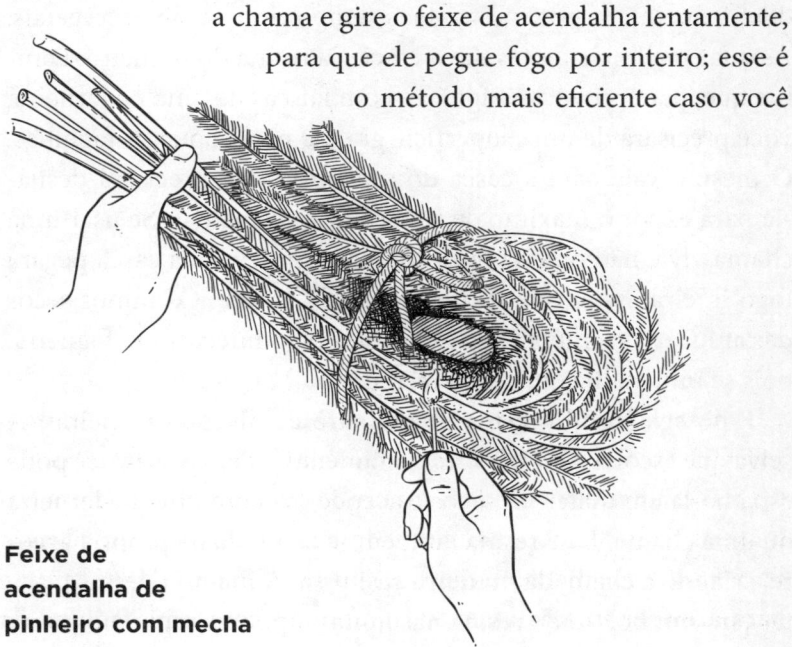

opte por uma chama viva. Por fim, coloque o feixe ainda em chamas na fogueira.

Mecha rápida
Alguns materiais vegetais são chamados de "**mecha rápida**". Eles contêm óleos voláteis que entram em combustão imediatamente em contato com o fogo. O problema é que queimam muito depressa e a chama é de curta duração. Mas, quando uma mecha rápida é combinada com um ninho, pode ser muito eficiente. Ela também pode ser usada em feixes de mecha. Os melhores exemplos de mecha rápida são a parte marrom da taboa (inflorescência) e a lanugem que reveste o coco.

Resina de pinheiro
Muitas árvores têm óleos e **resinas** naturais que agem como catalisadores. Eles podem ser muito úteis, pois suas cascas e madeiras queimam por muito mais tempo do que fibras vegetais. As duas melhores fontes são a casca e a resina do pinheiro. Lembre que, para provocar a ignição com faíscas de uma pederneira, você precisará de uma superfície grande para captar as fagulhas. O mesmo vale para a casca do pinheiro: você precisará desfiá-la para expor o máximo de superfície às centelhas. Se usar uma chama viva, não precisa fazer todo esse processo: a casca pegará fogo inteira assim que for removida da árvore. Os ramos secos das araucárias também são excelentes para iniciar uma fogueira, pois se inflamam com muita facilidade.

É possível usar a resina de pinheiro de diversas maneiras. A seiva que escorre dessa árvore é altamente inflamável e você pode espalhá-la em materiais secos e acendê-los com uma pederneira ou uma chama. Essa resina também se acumula na própria árvore, criando a chamada **madeira resinosa**. A maioria dessas plantas tem um bolsão de resina nas juntas – por exemplo, no ponto onde um galho desponta. Na árvore morta, a resina escorre para baixo, na direção das raízes. Espécimes mortos ainda de pé são o ideal para obter madeira resinosa, mas um pinheiro morto caído também pode ser bastante útil.

A madeira resinosa tem cheiro de aguarrás e pega fogo rapidamente em contato com uma chama viva. Contudo, você pode cortá-la bem para torná-la ainda mais útil numa fogueira:

- Raspe a madeira resinosa, criando uma pilha de lascas finas. Elas entrarão rapidamente em combustão com as fagulhas da pederneira.
- Faça cavacos (veja mais na página a seguir).

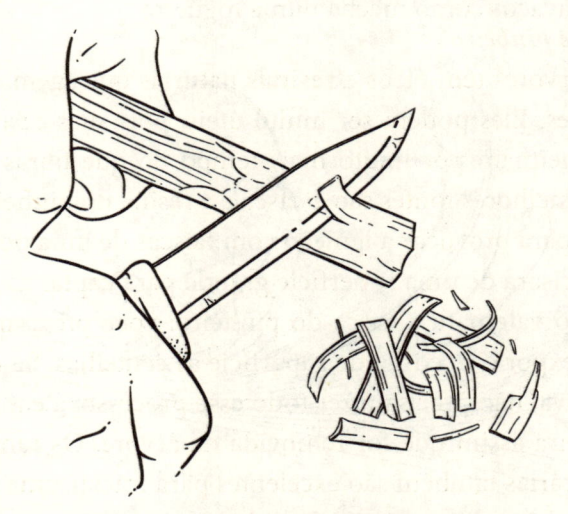

Como cortar lascas de madeira resinosa

Os pínus e os eucaliptos não são plantas nativas do Brasil, mas sim plantas invasoras com uma casca resistente ao fogo, logo não é recomendável usá-las para fazer fogueiras, já que exigem cuidados extras. Como seu tecido interior e suas folhas são muito inflamáveis, tendem a aumentar a incidência de incêndios, que prejudicam muito mais a flora nativa do que elas. Dessa forma, essas espécies podem se tornar dominantes, formando desertos verdes (locais florestados, mas sem biodiversidade).

CAVACOS

Fazer cavacos é uma excelente forma de obter mais acendalha. Se não houver gravetos secos ao seu redor, use madeiras macias.

Pegue um graveto e raspe uma série de pequenas lascas curvas e finas com a ponta "cacheada". Se a madeira for de pinheiro resinoso, você terá um catalisador que potencializará a acendalha. Com cavacos, você aumenta a área de superfície e permite que as chamas queimem mais rápido. Se for preciso, você pode usar apenas cavacos como mecha numa fogueira.

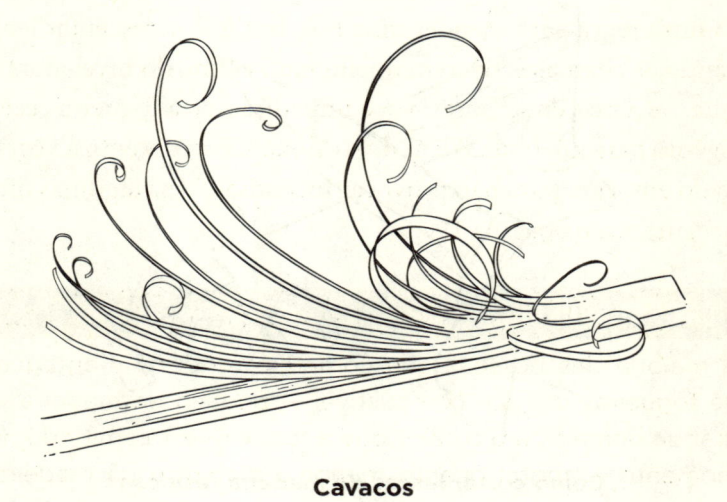

Cavacos

FOGUEIRAS

O tipo de **fogueira** que você vai preparar dependerá das suas necessidades. Aqui explicaremos alguns arranjos básicos. Além do tamanho do feixe de mecha e da quantidade de acendalha necessária para produzir uma boa fogueira sustentável, as duas regras a serem lembradas são:

1. No geral, quanto mais oxigênio, melhor. Isso não significa que você deva assoprar ou abanar a fogueira do momento em que a acende até que ela consiga se manter sozinha. Na verdade, isso significa que você deve ter muito espaço no meio da acendalha para que o oxigênio possa penetrar na fogueira.
2. Fogueiras adoram o caos. Isso significa que você não precisa empilhar madeira de forma organizada para fazer uma boa fogueira. Imagine o jogo de pega-varetas: é assim o caos da acendalha ideal.

Outra regra para acender uma fogueira é só acrescentar lenha quando as chamas estiverem queimando acima do nível atual de lenha. Se acrescentar antes, você impedirá que a fogueira receba oxigênio para queimar. Além disso, fique sempre atento à vegetação do entorno, para não provocar incêndios. Veja algumas dicas de segurança na página 190.

DICA DE BUSHCRAFT

A maioria das pessoas que cometem erros na montagem de fogueiras usa um combustível — pedaço de madeira — grande demais para o calor que a fogueira está emitindo no momento. Lembre: quanto menor o diâmetro da madeira, mais rápido ela queima. Acrescente acendalha à fogueira até conseguir ver claramente um leito de brasas e só então comece a acrescentar lenha (combustível).

FOGUEIRA EM CONE

Na maioria das vezes, esse é o arranjo que uso para acender minha fogueira inicial. Ele é muito útil por causa da corrente de ar ascendente que cria, permitindo que o oxigênio penetre por baixo e que o calor suba rapidamente. As melhores fogueiras aproveitam esse tipo de corrente. Primeiro prepare um feixe de mecha ou um ninho (veja páginas 135 e 136), para que o fogo suba e queime os gravetos em pé. Depois, em torno disso, arrume uma pilha de muitos gravetos no formato de um cone com as pontas se tocando no topo.

Fogueira em cone

FOGUEIRA DE CONSELHO

A **fogueira de conselho** costuma ser vista em acampamentos coletivos. É usada para reunir pessoas em volta, daí o nome "conselho". Use-a em condições climáticas ideais com madeira bem seca. Para isso, crie um "cubo" de lenha grossa com acendalha e mecha. Organize as madeiras atravessadas umas sobre as outras; o espaço entre elas permite o fluxo de oxigênio. Nesse tipo de fogueira, a mecha e a acendalha costumam ser acesas por uma chama viva.

FOGUEIRAS LONGAS

Quando seu abrigo não é o ideal e o tempo está muito frio, uma **fogueira longa** pode fazer toda a diferença para uma noite de sono confortável. Ela é montada em uma linha longa, paralela ao seu corpo, e permanece ardendo enquanto você dorme. Para fazer uma, você precisará de uma madeira morta grande caída ou de uma madeira morta seca que ainda esteja de pé e que você possa cortar. Fogueiras longas devem ter o comprimento da sua altura e ser posicionadas a cerca de um passo de onde você pretende dormir.

É prudente construir uma parede de troncos atrás da fogueira, para absorver o calor e funcionar como um aquecedor. Ela não reflete o calor, apenas o retém e o empurra de volta na direção do acampamento. A parede deve ter a altura do ponto mais alto do seu abrigo e a fogueira deve ser posicionada de tal maneira que receba uma brisa transversal, que ajudará a manter o suprimento de oxigênio (a parede não pode cortar o fluxo de oxigênio). Se você quiser passar a noite num tempo frio sem um abrigo adequado, a fogueira longa exigirá madeira suficiente para encher a traseira de uma picape comum até o topo da cabine. Dá para ter uma ideia do trabalho que você terá coletando tanta madeira. Mas, se realmente perceber que vai precisar de uma fogueira longa, comece a prepará-la pelo menos quatro horas antes do pôr do sol.

FOGO DE TRINCHEIRA

Se você quiser aproveitar ao máximo a corrente de calor ascendente para fazer uma fogueira quente, construa um **fogo de trincheira**. Esse tipo funciona muito bem se a madeira estiver verde ou úmida ou se você precisar de muito calor.

Cave dois buracos a 60cm de distância um do outro, com 35cm de diâmetro e de 15cm a 35cm de profundidade. Em seguida, cave um túnel no fundo dos buracos para conectá-los. Monte a fogueira no buraco que está mais afastado da direção do vento. No buraco oposto, escave a borda que fica mais exposta ao vento, criando um declive suave. Isso maximizará o fluxo de ar para dentro do túnel.

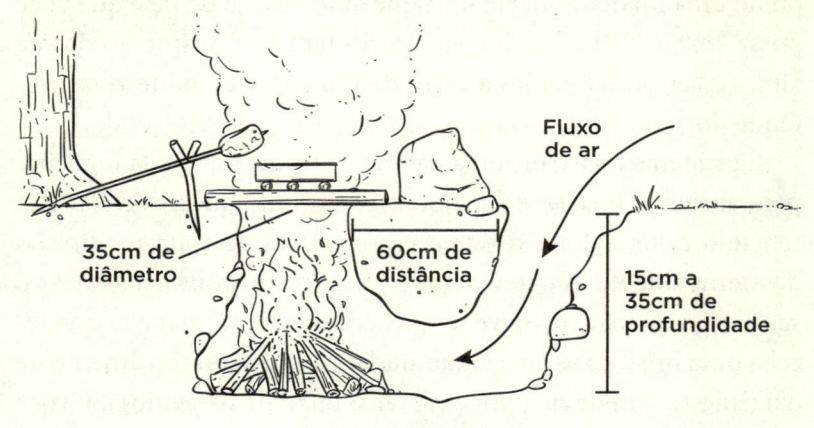

Fogo de trincheira

Esse tipo de fogueira tem vantagens e desvantagens. Ela produz muito calor, portanto, se você estiver utilizando madeira de baixa qualidade, queimará o material com mais eficiência. Contudo, o consumo de madeira também estará no nível máximo, logo não é um bom arranjo se você tiver pouco material.

FOGUEIRAS DE FECHADURA

Esse tipo de fogo é o ideal para cozinhar. Cave um buraco pequeno (a profundidade dependerá do tamanho que você deseja para a fogueira). Na frente dele, faça uma trincheira da mesma profundidade, para que possa tirar carvões de dentro da fogueira e criar uma área para cozinhar. Dessa forma, o buraco da fogueira ficará parecido com uma fechadura (veja ilustração na página 92). Esse arranjo funciona especialmente bem se você estiver usando uma frigideira para cozinhar ou assando sua comida.

DICAS E TRUQUES PARA O ACAMPAMENTO

1. Se a área do seu abrigo não tiver boa drenagem e você não encontrar um bom ponto mais elevado, cave valetas em torno do abrigo para escoar a água.
2. Limas são ferramentas usadas para desbastar metal e costumam ser bem duras, servindo para ignição com pederneira se você raspar as bordas devagar. Mergulhe a lima em água fria para preservar sua dureza.
3. Sempre use galhos verdes e madeira dura para construir ferramentas como espetos giratórios para cozinhar. Nunca use madeira resinosa, como a do pinheiro.
4. Revista suas ferramentas de metal (por exemplo, as pederneiras) com cera de abelha quando ela ainda estiver quente. Isso ajudará a preservá-las e a evitar ferrugem.

── CAPÍTULO 8 ──

Como usar o próprio terreno para se orientar

"Você não precisa saber onde está. O que precisa saber é como voltar para onde estava."

– Don Paul, 1991

A orientação é uma habilidade fundamental para qualquer mateiro. Mesmo que queira dar apenas uma volta rápida na área ao redor do acampamento, você precisa saber encontrar o caminho de volta caso se perca. Não basta saber usar mapas e bússolas: você também deve desenvolver um senso de direção e andar no mato prestando muita atenção no lugar onde esteve e para onde está indo. Compreender as características do terreno e usar marcadores para saber por onde você passou o ajudarão a percorrer distâncias curtas, mas, para caminhadas longas, o segredo é levar mapa e bússola – caso o GPS não esteja disponível.

BÚSSOLAS

Sempre procuro levar equipamentos que sejam ideais para o uso pretendido e, ao mesmo tempo, multifuncionais. Isso também vale para bússolas; a sua deve servir como:

- Dispositivo de navegação;
- Dispositivo de sinalização para emergências;
- Espelho para primeiros socorros e para a higiene diária;
- Uma ferramenta capaz de produzir fogo por ignição solar.

Tendo em mente essas funções, você pode pensar no tipo de bússola que deve escolher. Para ler mapas, escolha uma **bússola silva (também chamada de geográfica), com régua.** Ela conta com uma base plana, geralmente de plástico transparente, e pode ser colocada sobre um mapa para ajudar no estabelecimento de rotas. Ela também tem um **limbo** giratório, o "anel" em torno do mostrador, no qual ficam as marcações dos graus, preferivelmente de tinta fosforescente. Isso facilitará girá-lo até o ângulo desejado tanto a partir do mapa quanto com base no método de orientação visual que discutiremos neste capítulo. Certifique-se de que a bússola tenha um espelho, além de uma lente de aumento de 5 vezes.

Nunca economize ao comprar a bússola; adquira uma boa e confiável. Se quiser, leve uma reserva, mas ela nunca substituirá uma autêntica bússola de régua feita para leitura de mapas e orientação.

POR QUE ANDAR COM UMA BÚSSOLA?

A resposta para essa pergunta não é tão óbvia quanto parece. De modo geral, para se orientar você não precisa de bússola; na verdade, em dias ensolarados, você é seu próprio relógio de sol! No hemisfério sul, em razão do movimento de rotação da Terra, o sol nasce pela manhã no leste, atravessa o céu pelo norte, em um semicírculo, e se põe a oeste, no final da tarde. Assim, se for possível acompanhar o nascer do sol, basta estender o braço direito para essa direção, que é o leste. Na direção da sua mão esquerda estendida estará o oeste, na sua frente o norte e, nas suas costas, o sul.

> **DICA DE BUSHCRAFT**
>
> Caso você tenha um relógio com ponteiros, você pode usá-lo para encontrar o norte. Aponte o 12 do mostrador do relógio para o sol e veja onde está o ponteiro menor (das horas). Divida pela metade o ângulo formado pela direção do 12 e a direção do ponteiro menor. Essa reta do meio do ângulo estará apontando para o norte! (Importante: se você fizer isso no hemisfério norte, estará apontando para o sul.)

O motivo mais importante para levar uma bússola com você é *conseguir andar em linha reta*. Quando andamos, sempre acabamos fazendo um desvio lateral – sem perceber, começamos a caminhar um pouco mais para a direita ou para a esquerda ao percorrer longas distâncias a pé, inclusive para desviar de obstáculos naturais, como rios, rochas, árvores, etc. Se você vir um objeto, conseguirá facilmente caminhar em linha reta até ele. Mas, se estiver descendo uma colina ou alguma coisa obstruir sua visão do ponto de destino, você não conseguirá fazer isso sozinho. A bússola serve para resolver esse problema.

UTILIZAÇÃO BÁSICA DE BÚSSOLAS

Além de determinar direções, a bússola é útil para estabelecer uma **orientação**. Se ela tiver o limbo móvel (veja ilustração a seguir) com marcações de graus, você conseguirá realizar essa tarefa. A maioria das bússolas possui uma agulha com duas cores diferentes, geralmente vermelho e branco ou laranja e branco. O lado branco da agulha aponta para o sul, e a área colorida aponta para o norte. A "frente" ou o "topo" da bússola é onde fica o espelho, de modo que, se você abri-la e se olhar no espelho, ela estará apontada para a frente. Sob o mostrador, deve haver o portão (o contorno de uma seta) ou as linhas meridionais, que se movem conforme o limbo gira; elas são importantes porque você as usa para alinhar a bússola ao mapa.

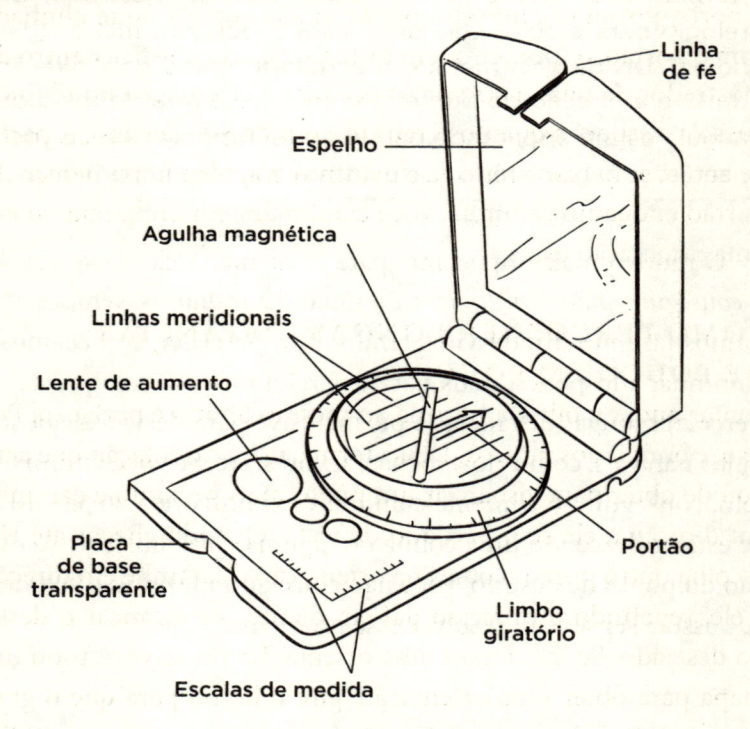

Bússola de sobrevivência

COMO OBTER E SEGUIR UMA ORIENTAÇÃO

Depois que você entende as diferentes partes da bússola, fica fácil obter e seguir uma orientação visual. Use a seta de direção (linha de fé) ou o ocular (às vezes é uma mira em forma de "V"; outras, apenas um buraco circular) e mire um ponto distante. Segure a bússola à sua frente, centralizada, com os braços parcialmente esticados, afastados do corpo. Se sua bússola tiver espelho e ocular, incline o espelho o suficiente para conseguir ver tanto o limbo quanto o ponto ao longe através do ocular. Mesmo sem o ocular, é possível ver através do espelho simultaneamente o seu rumo e o terreno.

A ponta colorida da agulha da bússola sempre apontará para o norte, portanto gire o limbo de modo que ela fique alinhada com o portão, o "ponteiro" em formato de seta que fica dentro do mostrador da bússola. Assim, você terá a orientação no topo da bússola e saberá a quantos graus fica o ponto de destino. A partir de então, se baixar a bússola e mantiver a agulha norte dentro do portão enquanto caminha, você caminhará em linha reta ou em uma orientação exata.

COMO PERCORRER LONGAS DISTÂNCIAS DE POUCO EM POUCO

Tentar andar e olhar a bússola ao mesmo tempo é perigoso. Por isso, é bom ir aos poucos. Dessa forma, use a orientação que acabou de obter para visualizar um ponto mais próximo e caminhe em direção a ele sem perdê-lo de vista. Quando chegar até ele, escolha outro ponto na mesma orientação e caminhe em direção a ele, repetindo o processo daí em diante, até alcançar o destino desejado. Se lhe deram uma orientação, ou se você usou um mapa para obter uma orientação, gire o limbo para que o grau da coordenada bata com o topo e gire seu corpo até que a agulha esteja alinhada com o portão. Nesse ponto, você estará voltado na direção da orientação inicial e poderá seguir em frente, de pouco em pouco ou de uma só vez.

COMO ENTENDER OS MAPAS E AS CARACTERÍSTICAS DO TERRENO

Lembre que um mapa topográfico é uma imagem bidimensional de uma superfície tridimensional. Portanto, se você entender o que está vendo num mapa, poderá visualizar mentalmente como o terreno é na realidade. Aqui discutiremos as cinco cores mais importantes e as cinco características de terreno mais úteis em mapas topográficos.

AS CINCO CORES

1. **Marrom** é usado para curvas de nível. Essas curvas mostram elevação; em geral, aparecem quando há diferenças de 20m de altitude. Se você encontrar uma altitude escrita no topo de uma colina, conseguirá determinar o nível das demais curvas desse relevo. Por exemplo, se o cume estiver a 800m, cinco linhas abaixo serão 700m.
2. **Verde** é usado para vegetação. Geralmente, quanto mais escuro o verde, mais densa a vegetação.
3. **Azul** é usado para fontes de água: riachos, rios, lagoas, etc.
4. **Preto** geralmente representa algo feito pelo homem, como uma trilha, uma linha de trem ou uma construção, mas também pode ser usado para curvas de nível no lugar do marrom. Nesse caso, linhas de trem e construções têm traçados específicos, normalmente apresentados na legenda.
5. **Vermelho** mostra vias principais, como autoestradas.

AS CINCO CARACTERÍSTICAS DE TERRENO

1. **Cumes** são o ponto mais alto em uma elevação, de onde se tem uma visão panorâmica do terreno.
2. Uma **linha de cumeada** é uma série de cumes interligados, que possibilita viagens por terrenos elevados, inclusive de animais.

3. Uma **selada** é uma depressão entre dois cumes. Proporciona boa proteção contra o vento sem abrir mão da elevação do terreno. A água escoa de cumes e cumeadas através das seladas e desce para os vales.
4. Uma **canhada** é uma redução na elevação de uma selada. Em geral, é um bom ponto de escoamento de água e, em muitos casos, conduz a um vale.
5. Um **vale** é um terreno baixo que se estende entre linhas de cumeada. Contém água escoada dos pontos altos e é o melhor lugar para se procurar riachos não demarcados no mapa.

COMO LER E INTERPRETAR OUTROS DETALHES EM MAPAS

Após aprender a interpretar as características básicas de um mapa, você precisa entender as outras informações que ele pode fornecer. O mapa pode informar a distância de um ponto a outro e mostrar as diferenças entre o que a bússola está lendo (norte magnético) e o que está representado no mapa (norte verdadeiro). Essa informação é importante se você planeja usar seu mapa para obter orientações.

A **escala** é uma referência que costuma ficar na parte inferior e que informa quantos centímetros no mapa equivalem a uma distância específica no solo real. Os mapas são escalonados em números como 1:1.000. Isso significa que 1cm no mapa representa 1.000cm no solo, ou 10m. A barra de escala facilita a medição, pois é dividida em centímetros e milímetros para que você possa usar uma régua para medir, fazer a conversão e obter a distância precisa que estiver calculando.

COMO ORIENTAR O MAPA

Para uma navegação rudimentar, você não precisa se preocupar muito com as diferenças entre o norte verdadeiro e o norte magnético. Mas, se estiver tentando ser muito preciso a uma longa distância e quiser usar o mapa para se orientar, você precisará entender esse processo.

O mapa tem seu topo orientado para o norte geográfico, como um relógio apontando para 12 horas. Mas o norte magnético, para onde a bússola sempre aponta, na verdade fica à esquerda ou à direita das 12 horas, dependendo de onde você estiver na superfície da Terra (no Brasil, pende para a direita). Essa diferença é indicada no **diagrama de declinação** do mapa como um **grau de desvio**. Ao encontrar o diagrama, você pode fazer uma das seguintes coisas:

1. Ajustar a diferença de declinação na sua bússola, se ela possuir o recurso de declinação ajustável; ou
2. Fazer o cálculo baseado no grau de desvio toda vez que usar o mapa para se orientar.

Se você quiser igualar a imagem bidimensional no mapa com o que estiver vendo na paisagem, e também se estiver planejando um trajeto com base somente no mapa, é importante saber orientá-lo. Para isso, posicione a bússola aberta em um ângulo reto da grade (veja a ilustração a seguir), de modo que o lado comprido da régua da bússola e as linhas de grade no mapa estejam perfeitamente paralelas e que a seta de direção esteja apontada para o topo do mapa. Se a bússola não tiver régua, basta alinhá-la à linha da grade com o norte virado para o topo.

Se estiver usando o mapa para traçar um trajeto e obter orientações de viagem, em primeiro lugar você precisará ajus-

CAPÍTULO 8: COMO USAR O PRÓPRIO TERRENO PARA SE ORIENTAR | 155

tar a declinação na bússola ou o desvio no limbo tendo como ponto de partida a marcação de 360º no topo da bússola (isso se chama "zerar a bússola"). Em seguida, gire o mapa com a bússola em cima até que a agulha norte esteja de novo alinhada com o portão. Com isso, o mapa estará orientado para o terreno à sua frente.

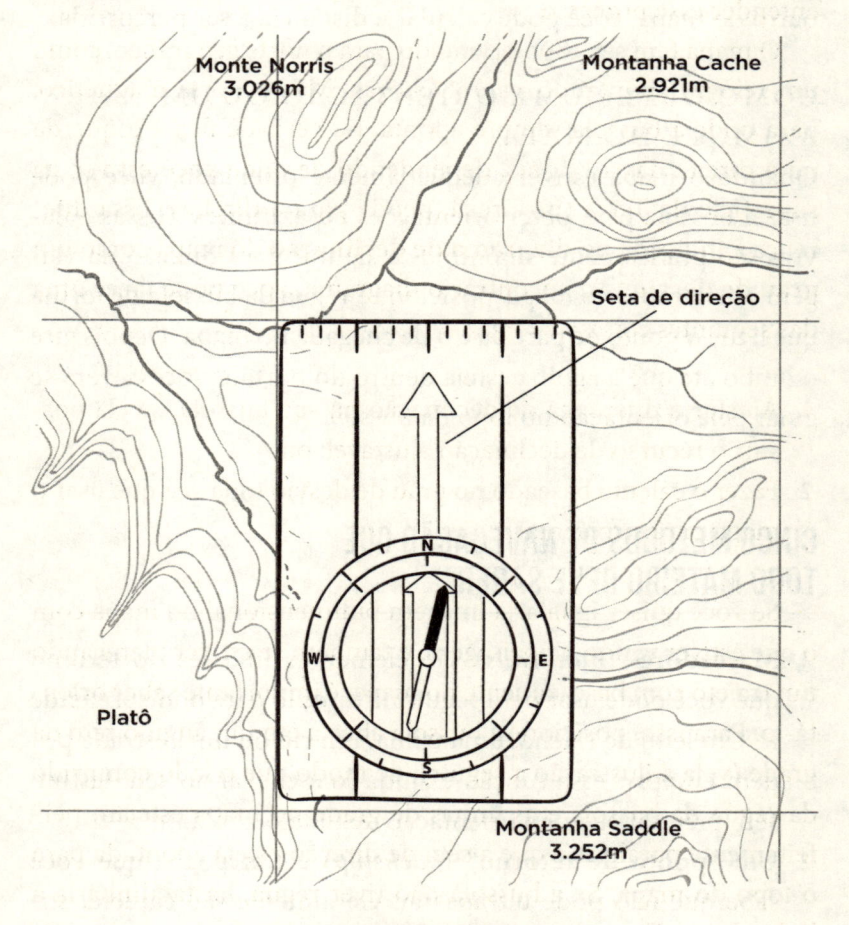

Como orientar a bússola

COMO MEDIR DISTÂNCIAS E SE ORIENTAR

Depois de consultar a escala no mapa, você pode usar qualquer dispositivo para medir as distâncias – de um barbante com nós até uma folha de papel com marcações, desde que eles estejam à mesma distância das marcações da escala. Ligando um ponto a outro do mapa, você pode calcular a distância a ser percorrida.

COMO OBTER UMA ORIENTAÇÃO OU UM AZIMUTE DO MAPA

Quando o mapa estiver adequadamente orientado, você pode usar a bússola para obter orientações ou **azimutes**. (Essas palavras são praticamente sinônimas e significam a direção da viagem.) Sem mover o mapa, posicione a régua da bússola de forma que ligue o ponto de partida e o de chegada no mapa. Depois gire o limbo até que a agulha esteja dentro do portão. Você deverá se guiar pela orientação no topo da bússola.

CINCO MÉTODOS DE NAVEGAÇÃO QUE TODO MATEIRO DEVE SABER

1. **Marcadores (*handrails*)** são elementos lineares do terreno que você pode usar para seguir na direção para onde pretende ir. Um leito de riacho, uma trilha, um rio ou uma estrada podem cumprir essa função e ajudá-lo a chegar ao seu destino sem precisar seguir a orientação de uma bússola.
2. Um **"ponto de retorno"** (*backstop*) é um ponto que você sabe que não pode ultrapassar. Geralmente são características lineares do terreno, perpendiculares ao seu destino. Pode ser um rio, um córrego, uma estrada, uma ferrovia, etc. Não precisa cruzar exatamente o local do destino, mas deve estar

próximo, para que você saiba que, se encontrá-lo, é porque passou do seu destino e terá que voltar.
3. Você pode usar **linhas de base (*baselines*)** para voltar ao local de partida. Elas devem ser perpendiculares a um acampamento. Quando chegar a uma linha de base, você deve saber que direção seguir para voltar ao acampamento sem precisar de uma bússola.
4. O **desvio (*aiming off*)** geralmente é feito em conjunto com uma linha de base. Você marca propositalmente uma orientação alguns graus à esquerda ou à direita do destino pretendido. Ao alcançá-la, você saberá que deve virar para a direita ou a esquerda a fim de chegar ao local desejado.
5. **Azimutes de emergência (*panic azimuths*)** funcionam como um ponto de orientação conhecido que você pode definir na bússola caso se perca. Por exemplo, digamos que você esteja seguindo para o norte e a leste haja um rio que não faça parte da sua rota de viagem pretendida. Se você não encontrar mais o caminho, já terá conhecimento de que um azimute diretamente a oeste a partir do rio o levará de volta ao trajeto desejado.

AZIMUTES REVERSOS

Cedo ou tarde, ao viajar se orientando por uma bússola, você se desviará do trajeto sem querer. Quando isso acontecer, você deverá tentar seguir um **azimute reverso** para retornar ao último ponto conhecido. Um azimute reverso significa simplesmente dar meia-volta – virar o corpo 180° – e seguir na direção exatamente oposta à que estava indo. O jeito mais fácil de fazer isso é simplesmente olhar para a bússola como se ela fosse um relógio. Se sua orientação atual estiver na posição equivalente às 12 horas, gire o limbo para o número correspondente às 6 horas e você encontrará o azimute reverso.

COMO DESCOBRIR A DISTÂNCIA DE DETERMINADO PONTO

É importante ter em conta não só a distância que você deseja cobrir, mas também quanto já viajou. É ótimo olhar para um mapa, interpretar um dispositivo de medição e saber que seu destino está 2,5km a leste. Mas como você saberá quanto já caminhou quando estiver no meio do caminho? Por meio de um **contador de passos**.

Comece criando dois fios de contas: um com nove e outro com quatro. Com eles você contará 5km. Cada conta no fio com nove representa 100m e cada conta no fio com quatro representa 1km. Você começará com todas as contas no topo dos dois fios e soltará cada conta do fio de nove a cada 100m que percorrer. Assim que baixar as nove contas e andar mais 100m, baixe uma conta do fio de quatro para indicar que percorreu 1km no total. Então suba de novo com as nove contas do primeiro fio e repita o processo até chegar aos 5km. Quando alcançar essa marca, suba todas as contas do fio de quatro. Assim você vai acumulando a contagem de 5km.

Para usar esse sistema, é necessário calcular a **contagem de passos**, ou quantos passos você precisa dar para caminhar 100m por terra, levando diversos fatores em consideração. Você deve andar com um caderno para fazer anotações pessoais no acampamento e nos arredores. Descubra qual é o seu ritmo em todos os terrenos, sempre com os equipamentos que pretender carregar. Registre as informações sobre seus passos em solo plano, em aclives, em declives, em solo acidentado, etc. Desse modo, você poderá calcular uma média para vários tipos de terreno. A contagem de passos é medida em passos completos; portanto, se você começar a caminhar com o pé esquerdo, contará um passo a cada pisada com o pé direito.

Também é importante conhecer a medida de abertura de seu passo normal. Para isso, marque uma distância de 20 metros no chão e ande esse trecho em passo normal. Depois divida os 20 metros pelo número de passos dados.

COMO DESCOBRIR SUA POSIÇÃO (AUTOMAPEAMENTO)

Algumas pessoas presumem que, se tiverem mapa e bússola, conseguirão saber automaticamente onde estão. O que elas não sabem é que também é muito importante prestar atenção no lugar onde se está, nos pontos de referência e características do terreno.

Se você conseguir encontrar pelo menos uma característica identificável no mapa, talvez seja possível descobrir onde você está. Para isso, procure no mapa por pontos de referência como a curva de um rio, uma rocha, uma construção, etc. Vá até um lugar elevado e procure localizar visualmente pelo menos dois desses pontos. Caso sua elevação seja a única do mapa, será o suficiente para se localizar a partir dela.

Ao identificar outras referências no terreno, esse processo ficará mais fácil. Do seu lugar elevado, utilize azimutes reversos para traçar linhas no mapa partindo desses pontos. Se essas linhas se cruzarem no local onde você está, você confirmará que a sua elevação é a que consta no mapa.

É uma técnica complicada, e praticá-la em florestas fechadas é quase impossível. Portanto, para estar sempre ciente da sua localização atual, é melhor observar o mapa desde o começo e viajar utilizando todos os métodos listados neste capítulo.

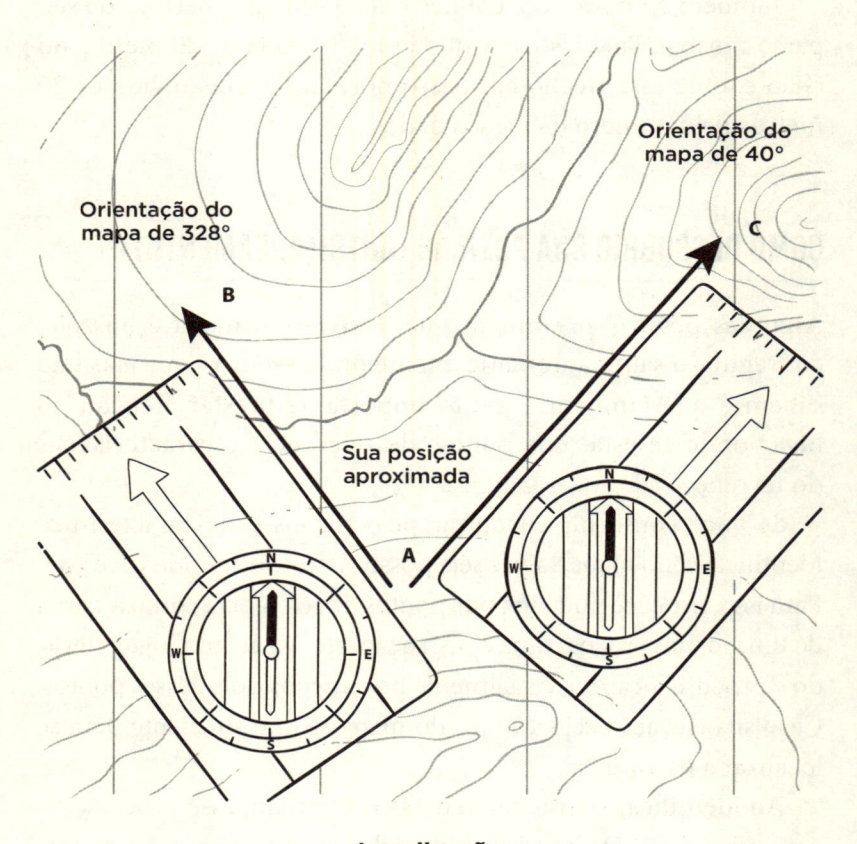

Localização

DICA DE BUSHCRAFT

Vou contar uma história engraçada que ilustra bem como é fácil as pessoas se perderem. Eu estava no alto de uma árvore na floresta numa fria manhã de inverno, a menos de 200m de uma estrada principal onde meu veículo ficara estacionado. Após cerca de trinta minutos, ouvi outro veículo se aproximar e estacionar perto do meu. Minutos depois, comecei a ouvir o som de neve pisada atrás de mim; não era o som de um cervo, mas de passos humanos. Permaneci na árvore e vi um homem passar por mim. Ele avançou cerca de 50m, depois parou, olhou em volta, virou para a esquerda e deu alguns passos, depois parou e olhou em volta outra vez. Minutos depois, caminhou alguns metros de volta para a direita. Nesse ponto, começou a olhar ao redor como se não tivesse exatamente certeza de onde estava. Veja bem, ele estava a apenas 200m de uma estrada principal! Após cerca de dez minutos andando em círculos, sentou-se ao lado de uma árvore e percebi que estava mexendo em seu equipamento e parecia um pouco nervoso.

Minutos depois, o homem voltou a caminhar. Eu tossi em vez de chamá-lo em voz alta, para não assustá-lo demais. Quando ele olhou na minha direção, eu apenas disse: "Seu carro está a 200m atrás de mim." Ele respondeu "Eu sei" e foi embora abruptamente. Ao ver meu carro, provavelmente sabia que havia outra pessoa por ali quando entrou na floresta, e pelo comportamento dele tenho certeza de que se perdeu a 200m do próprio automóvel. Em áreas onde não há nenhuma característica marcante que sirva para distinguir direções, como uma mata fechada, as pessoas podem ficar desorientadas rapidamente. Por isso, é importante sempre obter uma orientação no ponto de partida. Desse modo, pelo menos você sabe que direção tomar para voltar ao local original.

OBSTÁCULOS

É comum haver obstáculos nas trilhas, e talvez você precise contorná-los ou atravessá-los. Contornar um objeto, como um lago ou uma lagoa, é muito simples. Você pode fazer uma de duas coisas, dependendo da situação:

1. Encontre um marco facilmente identificável no outro lado (se conseguir enxergá-lo dessa distância) que esteja na mesma linha da orientação na qual está viajando. Contorne o obstáculo tendo o marco como destino e obtenha outra orientação a partir de lá.
2. Se não conseguir enxergar o outro lado do obstáculo ou não for capaz de identificar qualquer marco no outro lado, então precisará usar o método **90-90-90**, que é ilustrado a seguir. Basicamente, você usará a contagem de passos. Pare bem à frente do obstáculo, vire 90° para a esquerda ou direita e conte seus passos até passar do obstáculo. Depois, vire 90° para onde era a frente no começo do trajeto e caminhe até superar o obstáculo. Anote o número de passos nessas duas etapas. Por fim, vire 90° na direção oposta à da primeira parte e caminhe o mesmo número de passos do primeiro trecho, estabelecendo assim três lados de um retângulo. No fim das contas, será como se você tivesse atravessado o obstáculo em linha reta: você estará de volta à orientação que estava seguindo.

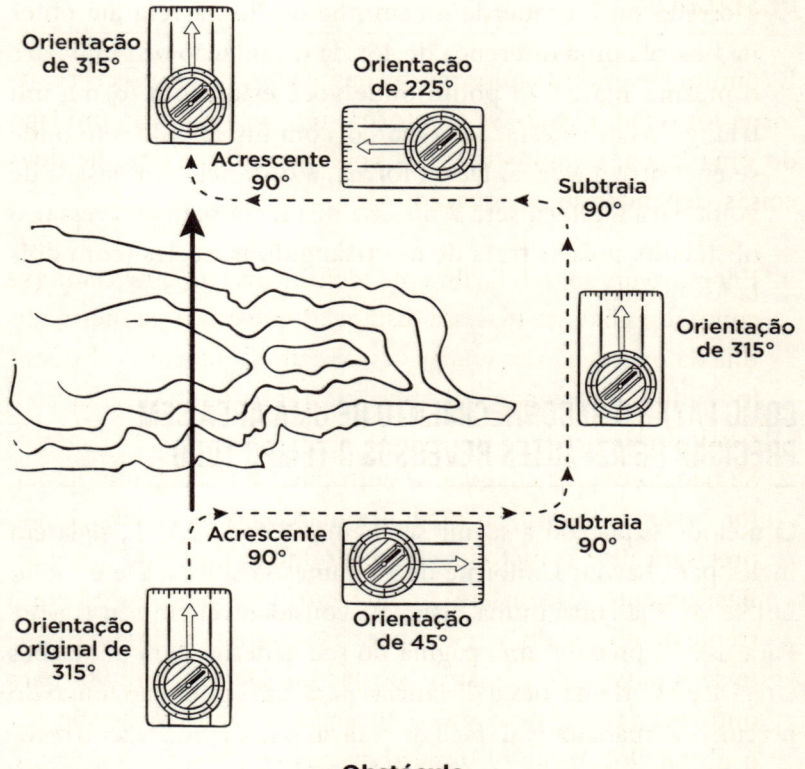

CAPÍTULO 8: COMO USAR O PRÓPRIO TERRENO PARA SE ORIENTAR | 163

Diagrama mostrando como contornar um obstáculo com uma bússola:
- Orientação de 315°
- Orientação de 225°
- Acrescente 90°
- Subtraia 90°
- Orientação de 315°
- Acrescente 90°
- Subtraia 90°
- Orientação original de 315°
- Orientação de 45°

Obstáculo

Se você precisar cruzar um obstáculo, talvez seja necessário calcular a distância de uma ponta a outra. Esse pode ser o caso, por exemplo, se você tiver que cortar um tronco para atravessar o obstáculo ou se quiser descobrir se uma corda é longa o bastante para fazer a travessia. Siga estes passos:

1. Identifique um marco que você consiga ver com facilidade no outro lado do obstáculo.
2. Bem no limite do obstáculo, enfie uma estaca no solo diretamente em frente ao marco que você identificou.
3. Obtenha uma orientação com a bússola para o marco, vire

à direita ou à esquerda e caminhe em linha reta até obter na bússola uma diferença de 45° da orientação original para o mesmo marco. O ponto onde você está agora forma um triângulo com a estaca e o marco, com um ângulo reto onde se encontra a estaca. Dessa forma, a distância em passos de volta para a estaca será a mesma distância para atravessar o obstáculo, pois se trata de um triângulo isósceles (com dois lados iguais).

COMO FAZER O RECONHECIMENTO DE UMA ÁREA SEM PRECISAR DE AZIMUTES REVERSOS O TEMPO TODO

O método explicado a seguir se chama método PAUL, sigla em inglês para Layout Uniforme de Azimutes Positivos. Ele é muito útil se você já cobriu uma distância considerável em seu trajeto. Para usá-lo, prepare uma página no seu caderno para anotações e registre as orientações e distâncias para cada ponto ao longo do percurso. A maneira mais fácil de realizar isso e ainda fazer o reconhecimento é carregar uma bandeira ou bandana que seja muito visível, preferivelmente laranja fluorescente.

Obtenha um azimute do seu acampamento até um marco distante. No caderno, registre o azimute e a distância conforme caminhar até ele. Quando chegar lá, finque a bandeira no marco e faça reconhecimento da área, mas nunca perca a bandeira de vista. Quando estiver pronto para prosseguir, volte até a bandeira e obtenha outra leitura até um marco distante. Caminhe até lá e anote no caderno a orientação e o número de passos de novo. Coloque a bandeira no novo marco e faça reconhecimento da área.

Continue com esse procedimento até querer voltar para o acampamento. Desenhe um mapa em pequena escala no seu diário usando os pontos e as distâncias que anotou. Determine a escala tomando por base qualquer dispositivo de medição – por exemplo, 1cm = 100m. Depois de desenhar o mapa (com gravetos ou rochas no chão), confira seu azimute reverso a partir do último ponto até o acampamento, assim como a distância. Com isso, você conseguirá voltar em linha reta.

COMO DESCOBRIR QUANTAS HORAS DE LUZ DE SOL AINDA RESTAM

É prudente montar o acampamento pelo menos duas horas antes do pôr do sol no verão e quatro horas antes do pôr do sol no inverno, porque você vai precisar de tempo para obter os suprimentos necessários para uma noite confortável, como lenha. Para determinar quanto tempo de luz do sol ainda lhe resta sem usar um relógio, erga a mão com o punho cerrado e o polegar escondido pelos outros dedos. Alinhe a mão na horizontal sob o sol, bem junto a ele. Em seguida, cerre a outra mão e posicione-a bem abaixo da primeira. Depois abaixe a primeira mão e coloque-a sob a segunda mão e assim sucessivamente, até chegar ao horizonte. Cada mão que você colocar entre o sol e a linha do horizonte equivale a uma hora. Se, no fim, não couber a mão inteira, posicione um ou mais dedos na horizontal; cada dedo representa 15 minutos.

DICAS E TRUQUES PARA ORIENTAÇÃO

1. A lua se move aproximadamente no mesmo arco que o sol e, à noite, ajuda na navegação. Ela nasce no leste e se põe no oeste e é possível se orientar de acordo com suas fases. O procedimento é o mesmo de quando nos orientamos pelo sol: estenda o braço direito na direção onde ela nasce (leste). O braço esquerdo corresponderá ao oeste, à sua frente estará o norte e, às suas costas, o sul.
2. Quando estiver viajando, é sempre bom virar e olhar para o ponto onde estava antes. No trajeto de volta, as coisas parecerão mais familiares se você já as tiver visto por esse ângulo.
3. Ao usar qualquer método de navegação que não seja uma bússola para obter uma direção, use sempre outros métodos de verificação, como apresentado ao longo do capítulo.

CAPÍTULO 9

Plantas

"Nada aqui lembra a cansativa monotonia de nossas florestas de carvalhos e pinheiros; cada árvore tem, por assim dizer, um porte que lhe é próprio; cada uma tem sua folhagem e oferece frequentemente uma tonalidade de verde diferente das árvores vizinhas."

— AUGUSTE DE SAINT-HILAIRE,
naturalista francês, durante visita ao Brasil entre 1816 e 1822

Ao se embrenhar no mato, é fundamental levar um bom kit de primeiros socorros para possíveis emergências. Ele deve conter:

❏ Termômetro
❏ Tesoura
❏ Pinça
❏ Gaze esterilizada
❏ Esparadrapo
❏ Faixas para ataduras (ataduras de crepom)
❏ Band-aid
❏ Remédios antissépticos
❏ Água oxigenada, 10 volumes
❏ Pomada cicatrizante

❏ Medicamentos de uso pessoal (analgésico, anti-inflamatório, colírio, etc.), conforme necessidades individuais
❏ Medicamentos que talvez possam ser necessários em situações específicas (se você tem alguma alergia ou tem enjoos ou vertigens, por exemplo)

Além desse kit, procure sempre levar alimentos suficientes para sua estadia. Porém, caso surja alguma necessidade imprevista ou você não consiga carregar tudo, o conhecimento das plantas pode ser de grande valia. Neste capítulo você vai conhecer algumas espécies comestíveis e medicinais, além de outras que servem para construir abrigos e fazer fogo. Mesmo que a princípio você não pretenda usar as plantas de todas as formas descritas, é fundamental ler o capítulo inteiro para ter noção do todo, não ler apenas uma parte, assim você estará bem preparado.

O guia visual contido neste livro (a partir da página 177) apresenta imagens das espécies medicinais e das árvores mencionadas no capítulo, mas ainda assim é essencial pesquisar todas as plantas na internet *antes* da atividade na natureza. Isso é crucial para evitar erros de identificação e intoxicações e alergias que podem ser muito severas e até fatais, especialmente em locais isolados.

Não deixe para consultar o livro apenas no meio do mato, num momento de necessidade, pois existe um grande risco de você confundir uma espécie com outra similar que pode ser tóxica. Busque fotos na internet que mostrem todas as partes da planta, como folhas, caule, raízes e flores, facilitando a identificação quando você se deparar com ela ao vivo.

Caso você alguma vez tenha apresentado alergia a determinadas frutas, sementes, folhas ou outras partes vegetais ou tenha algum parente que apresente essas alergias, procure se familiarizar também com outras plantas que pertençam ao mesmo gênero ou família botânica, que tendem a apresentar compostos similares e talvez possam desencadear as mesmas alergias.

Para fazer essa pesquisa, primeiro descubra o nome científico da planta a que você apresenta alergia. Nesse contexto, a Wikipédia é confiável, pelo menos em relação às espécies mais consumidas, fornecendo sua classificação completa numa coluna à direita do verbete. O nome científico vem sempre em itálico e é composto por dois termos, sendo que o primeiro indica o gênero: por exemplo, a palmeira juçara (*Euterpe edulis*) e a palmeira do açaí (*Euterpe oleracea*) têm o mesmo gênero, pois compartilham o primeiro termo. A família é um nome sempre terminado com o sufixo -aceae (Poaceae, Asteraceae, etc.).

Na Wikipédia, o gênero e a família são linkados, direcionando para outras espécies que pertencem à mesma classificação. Assim, você poderá descobrir as plantas com potencial risco de alergia.

Caso queira consultar uma fonte mais especializada e aprofundada, há o site do programa Reflora: floradobrasil.jbrj.gov.br. Ao acessá-lo, basta clicar em "Flora e Funga do Brasil" para poder fazer a pesquisa por nome popular, gênero e família.

BIODIVERSIDADE

Ao contrário de outros países tropicais com território menor e de países igualmente extensos do hemisfério norte, o Brasil tem uma enorme área combinada a uma grande variação de ambientes e diversidade de espécies. Dessa forma, são poucas as espécies encontradas em todos os ambientes e regiões do país e, devido à sua grande variedade, muitas plantas são similares a outras da mesma região ou até mesmo de regiões diferentes. Portanto, você deve ter muito cuidado na hora de identificá-las – principalmente as medicinais.

No caso das plantas alimentícias e das árvores citadas para outros fins, busquei apresentar espécies que representam um equilíbrio entre a ocorrência na maior parte do país e a relevância em seus usos regionais. Além disso, no caso das medicinais, procurei evitar plantas de difícil reconhecimento e/ou similares a outras que podem ser tóxicas.

COMESTÍVEIS SELVAGENS

Identifique totalmente uma espécie antes de ingerir folhas, caules, sementes e flores. Raízes e tubérculos são fontes nutricionais de amido, mas podem causar intoxicações severas se não forem devidamente cozidos, como é o caso da mandioca-brava. Assim, evite consumi-los.

Muitas folhagens nativas são comestíveis e boas fontes de fibras, porém é comum que espécies tropicais apresentem compostos químicos como defesa anti-herbivoria, isto é, com gosto desagradável e que causa náusea e vômito ao animal que tentar comê-las. Também é bastante comum a presença de tricomas, que são os aparentes "pelinhos" ou pequenos espinhos na parte externa da folha, que causam dermatite de contato ou irritação nas mucosas, como é o caso das urtigas.

Não consuma folhas e caules excessivamente amargos – teste dobrá-los e apenas encostar a ponta da língua antes de mastigá-los – ou com tricomas ou glândulas urticantes que causem qualquer tipo de coceira ou irritação na pele das mãos. Além disso, não coma cogumelos selvagens nem qualquer outro fungo.

De forma geral, plantas tóxicas tendem a apresentar sabor amargo, adstringente ou excessivamente ácido devido a substâncias como taninos e alcaloides, portanto evite a ingestão de qualquer planta desconhecida. Se por acaso você perceber que a planta que acabou de morder tem um sabor assim, pare na mesma hora e a cuspa. Talvez persista um gosto ruim na boca, mas ao menos você evitará vômitos e outras reações que poderiam ocorrer se a engolisse.

Plantas da família das aráceas (antúrios, copos-de-leite, monsteras/costelas-de-adão, comigo-ninguém-pode, filodendros), que são ervas e cipós de folhas grandes e muito comuns nas nossas matas tropicais, devem ser especialmente evitadas, pois possuem cristais de oxalato de cálcio, que causam irritação nas mucosas e intoxicação grave. Caso você não tenha familiaridade com essas plantas, não consuma nenhuma folhagem em campo, principalmente folhas vistosas e de grande tamanho que crescem sob as árvores, próximas ao chão, ou sobre as árvores.

As espécies citadas nesta seção são amplamente utilizadas em todas ou algumas regiões do país e, de forma geral, são reconhecidas com facilidade, tornando seu consumo relativamente seguro. Suas folhas e seus ramos jovens (caules ainda verdes, que não formaram madeira) podem ser consumidos cozidos ou refogados, preparados como acompanhamento ou base de uma refeição em campo. É o caso do ora-pro-nóbis, da beldroega, do jambu e da palma – chamada de arumbeva no Sul do país. A palma e o ora-pro-nóbis também fornecem frutos comestíveis.

As palmas no geral acumulam grande quantidade de água dentro de si, representando uma fonte alternativa de água em regiões secas como a caatinga e a área dos pampas mais a oeste, tanto para animais quanto para humanos em situações de emergência. Após remover a "casca" onde estão os espinhos, você pode ingerir a parte interna suculenta. (É válido mencionar que essa parte achatada da palma é na verdade seu caule. Nesse e na maioria dos cactos, as folhas na verdade têm formato de espinhos.)

Quanto aos frutos carnosos, não é obrigatório que você os identifique tão detalhadamente. Muito comuns e abundantes nos diversos tipos de vegetação do Brasil, de forma geral eles existem para ser comidos e possibilitar que as sementes sejam dispersas por animais, inclusive por nós, humanos. Assim, é relativamente seguro ingerir frutos maduros – que apresentam alto teor de açúcares e podem ser reconhecidos pelo gosto adocicado e pela polpa relativamente "mole", fácil de ser mastigada. Frutos verdes tendem a ter sabor azedo, ácido ou adstringente, refletindo uma alta concentração de taninos e outros compostos, que sinalizam aos animais que ainda não é hora de comê-los nem de espalhar suas sementes.

Portanto, ao morder um fruto e sentir sabor desagradável e textura "dura", não o engula, apenas cuspa. Nenhum fruto nativo conhecido é capaz de causar intoxicações graves se apenas entrar em contato com a boca, sem ingestão. Porém pessoas com alergias prévias podem eventualmente ter forte reação alérgica – por isso, vale novamente o aviso para que você pesquise com antecedência seu histórico de alergias e as plantas potencialmente associadas antes de consumir qualquer vegetal em campo.

Um caso específico de consumo é o do pequi, por exemplo. Seu caroço é revestido de espinhos, que podem ferir a boca, logo não é recomendado comê-lo cru. Dessa forma, ele normalmente é cozido, separando-se a polpa do caroço. Assim, apenas sua parte "segura" é usada nos pratos.

Muitas frutas nativas são bastante consumidas por indígenas e populações locais. Na Tabela I (páginas 174 e 175) são apresentadas algumas das mais comuns e com maiores áreas de distribuição. Devido ao clima tropical e subtropical predominante no país, diferentes espécies frutificam em diferentes épocas do ano em todos os ambientes, logo os brasileiros são privilegiados em termos da disponibilidade de frutos. Algumas frutas se dividem em espécies variadas, mas acabam sendo chamadas por um nome comum e genérico, por isso se destacam com sua presença abundante em nosso país, como amoras, araticuns, araçás, arumbevas, cajus, goiabas, jaracatiás, maracujás e muricis.

Muitas das frutas citadas na Tabela I já foram estudadas do ponto de vista nutricional e apresentam altos teores de vitaminas e compostos antioxidantes, além de serem importantes fontes de carboidratos e fibras. Buscando pelo nome científico, você pode pesquisar as plantas dessa tabela e da Tabela II na Wikipédia para conhecê-las melhor.

Junto das espécies frutíferas, indico em especial as palmeiras, que fornecem frutos apreciados não só por humanos, mas sobretudo pela fauna nativa. As espécies presentes na maior parte do Brasil são a macaúba e o buriti. As demais palmeiras citadas são até encontradas em mais de uma região, mas acabam sendo mais comuns em uma específica: no Norte há a pupunha e o açaí; no Nordeste, o babaçu; no Centro-Oeste, a gueroba e o baru; no Sudeste, a juçara e o jerivá, sendo que a juçara também é comum no Sul, onde os frutos de palmeira mais consumidos são os butiás.

Certas espécies de palmeiras são conhecidas fontes de palmito, retirado da "medula" do caule. Porém a extração do palmito é proibida em ambientes naturais, já que as plantas morrem no processo e algumas chegaram a ser quase extintas devido à exploração excessiva, como a juçara na Mata Atlântica. Além disso, algumas espécies exóticas utilizadas como plantas ornamentais têm frutos com polpa tóxica para humanos e animais de pequeno porte, como a palmeira-rabo-de-peixe (*Caryota mitis*), que pode ser vista na página 184. Portanto, caso você esteja próximo a regiões urbanas ou ambientes modificados pelo homem e não reconheça as palmeiras encontradas no local como espécies nativas, evite consumi-las.

Entre os frutos das palmeiras, vale destacar que a pupunha precisa ser cozida para consumo, pois apresenta textura muito rígida e compostos que fazem "formigar" a boca se ingeridos sem cozimento.

O pinhão, citado na Tabela II (página 176), também necessita de cozimento. Sementes e castanhas são boa fonte nutricional de fibras e óleos vegetais, mas no geral tendem a causar alergias mais frequentemente do que frutos carnosos, por isso você deve evitá-las se apresenta essas alergias ou tem histórico familiar.

TABELA I: Frutos nativos da flora brasileira amplamente distribuídos

Legenda das regiões: N = Norte; NE = Nordeste; CO = Centro-Oeste; SE = Sudeste; S = Sul.

FRUTOS COMESTÍVEIS	ESPÉCIE(S)	FAMÍLIA	REGIÕES
Abiurana, guapeva	*Pouteria torta*	Sapotaceae	N, NE, CO, SE, S
Amora-branca, amora-silvestre	*Rubus brasiliensis, R. erythroclados, R. rosifolius, R. sellowii*	Rosaceae	NE, CO, SE, S
Araticum	*Annona crassiflora*	Annonaceae	N, NE, CO, SE, S
Araçá	*Psidium cattleianum, P. guineense*	Myrtaceae	N, NE, CO, SE, S
Biribá	*Annona mucosa*	Annonaceae	N, NE, CO, SE, S
Caju*	*Anacardium occidentale*	Anacardiaceae	N, NE, CO, SE
Caju-do-cerrado*	*Anacardium corymbosum, A. humile, A. nanum*	Anacardiaceae	N, NE, CO, SE, S
Cambuí	*Myrciaria floribunda*	Myrtaceae	N, NE, CO, SE, S
Físalis, juá-de-capote	*Physalis pubescens*	Solanaceae	N, NE, CO, SE, S
Goiaba**	*Psidium guajava*	Myrtaceae	N, NE, CO, SE, S
Guabiroba	*Campomanesia xanthocarpa*	Myrtaceae	NE, CO, SE, S
Jaracatiá, mamãozinho	*Jacaratia spinosa*	Caricaceae	N, NE, CO, SE, S

---

* A parte comestível carnosa do caju é um pseudofruto e a castanha é o fruto verdadeiro, sendo ambos comestíveis.
** Segundo estudos mais recentes, a goiaba provavelmente não é uma espécie nativa, mas deve ter sido introduzida no Brasil pelos indígenas e se disseminado por todo o território, sendo encontrada mesmo em áreas remotas de todos os ambientes conhecidos.

FRUTOS COMESTÍVEIS	ESPÉCIE(S)	FAMÍLIA	REGIÕES
Jaracatiá, mamão-do-mato	*Vasconcellea quercifolia*	Caricaceae	NE, CO, SE, S
Jatobá	*Hymenaea courbaril, H. stigonocarpa*	Fabaceae	N, NE, CO, SE, S
Jenipapo	*Genipa americana*	Rubiaceae	N, NE, CO, SE, S
Jurubeba	*Solanum paniculatum*	Solanaceae	N, NE, CO, SE, S
Mangaba	*Hancornia speciosa*	Apocynaceae	N, NE, CO, SE, S
Maracujá	*Passiflora actinia, P. alata, P. edulis, P. nitida, P. quadrangularis, P. setacea*	Passifloraceae	N, NE, CO, SE, S
Murici	*Byrsonima crassifolia, B. verbascifolia*	Malpighiaceae	N, NE, CO, SE, S
Pitanga	*Eugenia uniflora*	Myrtaceae	NE, CO, SE, S
Umbu-cajá, taperebá, cajá	*Spondias monbim*	Anacardiaceae	N, NE, CO, SE
Uvaia	*Eugenia pyriformis*	Myrtaceae	NE, CO, SE, S
PALMEIRAS			
Açaí	*Euterpe oleracea*	Arecaceae	N, NE
Babaçu, cocão-do-acre	*Attalea speciosa*	Arecaceae	N, NE, CO, SE
Baru, cumbaru	*Dipteryx alata*	Arecaceae	N, NE, CO, SE
Buriti	*Mauritia flexuosa*	Arecaceae	N, NE, CO, SE
Butiá, coquinho-azedo, guariroba-do-campo	*Butia capitata*	Arecaceae	SE, S
Gueroba	*Syagrus oleracea*	Arecaceae	N, NE, CO, SE, S
Jerivá, coquinho	*Syagrus romanzoffiana*	Arecaceae	NE, CO, S, SE
Juçara	*Euterpe edulis*	Arecaceae	NE, CO, SE, S
Macaúba, bocaiuva, coco-de-espinho	*Acrocomia aculeata*	Arecaceae	N, NE, CO, SE, S
Pupunha	*Bactris gasipaes*	Arecaceae	N, CO

Os nomes comuns citados na primeira coluna referem-se a diferentes nomes utilizados para a mesma fruta em diferentes regiões. Em muitos casos, espécies diversas produzem frutas muito parecidas, que são reconhecidas como a mesma em diversos locais.

Na tabela a seguir estão listadas algumas espécies cujas partes específicas servem de alimento e podem ser consumidas.

TABELA II. Plantas nativas da flora brasileira, amplamente distribuídas e de uso alimentício

Legenda das regiões: N = Norte; NE = Nordeste; CO = Centro-Oeste; SE = Sudeste; S = Sul.

PLANTAS COMESTÍVEIS	ESPÉCIE(S)	FAMÍLIA	REGIÕES	PARTE COMESTÍVEL
Araucária, pinheiro-do-paraná	*Araucaria angustifolia*	Araucariaceae	SE, S	Semente: pinhão (assada/cozida)
Beldroega	*Portulaca oleracea*	Portulacaceae	N, NE, CO, SE, S	Folha, ramo, semente (cozidos/refogados)
Jambu	*Acmella oleracea*	Asteraceae	N, NE, SE, S	Folhas, ramos jovens (cozidos/refogados)
Mandacaru	*Cereus jamacaru*	Cactaceae	N, NE, CO, SE	Fruto
Ora-pro-nóbis	*Pereskia aculeata*	Cactaceae	NE, CO, SE, S	Fruto, folhas, ramos jovens (cozidos/refogados)
Palma, arumbeva	*Opuntia dillenii, O. elata, O. ficus-indica, O. monacantha*	Cactaceae	NE, CO, SE, S	Fruto, caule (cozido/refogado)
Pequi	*Caryocar brasiliense, C. coryaceum*	Caryocaraceae	NE, CO, SE	Fruto (cozido/refogado), semente (castanha in natura, óleo similar ao dendê)

CAPÍTULO 9: PLANTAS | 177

GUIA VISUAL

PLANTAS MEDICINAIS

Babosa:
1. planta
2. folha com gel

Buriti:
3. árvores
4. frutos

Cagaita:
1. árvore
2. folhas e frutos

Erva-mate:
3. planta
4. flores e frutos

Goiabeira:
1. árvore
2. folhas, ramos e frutos

Guaraná:
3. frutos abertos e sementes

Jambu:
4. folhas e flores

Maracujá:
1. frutos
2. folhas e flor

Taboa:
3. planta inteira

Tanchagem:
4. planta com flores

CIPÓS E ÁRVORES

Cipós:
1. raízes e caules

Abiu-piloso:
2. copa da árvore com frutos
3. folhas

Araucária:
1. árvore
2. pinha/pinhão
3. resina âmbar solidificada

Butiá:
1. árvore
2. frutos

Jatobá:
3. árvore
4. fruto verde e folhas
5. frutos maduros

PLANTAS A SE EVITAR

Aroeira-brava:
1. árvore
2. frutos e folhas

Palmeira-rabo-de-peixe:
3. árvore
4. frutos

PLANTAS MEDICINAIS

Além das plantas alimentícias, é possível encontrar plantas medicinais no mato. Como o Brasil tem uma enorme biodiversidade, existe o risco de a espécie ser confundida com outras similares que podem causar alergias e intoxicações se forem ingeridas. Portanto, esta seção tratará apenas de algumas espécies bastante conhecidas e de fácil reconhecimento. Todas são nativas, com exceção de três, que ocorrem com frequência em várias regiões do país e têm uso medicinal bastante disseminado: a babosa, a goiabeira e a tanchagem.

No guia visual (páginas 177-180), você pode ver uma imagem de cada espécie para facilitar a identificação e servir de referência para suas pesquisas na internet. Mais uma vez, lembre: você deve pesquisar e fazer o reconhecimento dessas plantas *antes* da atividade na natureza, e não apenas quando surgir a necessidade de utilização na mata.

As plantas mencionadas na Tabela III a seguir podem ser utilizadas em caso de mal-estar comum, como desconforto estomacal, dor de cabeça e resfriado, e tratamento emergencial de pequenas feridas e picadas de insetos. No entanto, grandes traumas e reações alérgicas muito abruptas *não* devem ser tratados com espécies medicinais e precisam receber tratamento hospitalar adequado imediatamente.

Os chás de maracujá e erva-mate (ou guaraná) também podem ser úteis em situações de campo, pois são calmantes e estimulantes leves, respectivamente. Já a taboa tem uma utilidade peculiar como recurso de higiene em regiões muito remotas: seu broto fibroso pode ser mastigado e friccionado nos dentes, fazendo as vezes de escova.

A maioria das plantas mencionadas deve ser utilizada em chás, conforme detalhado na Tabela III. Quando as partes usadas são folhas e ramos jovens (ainda verdes), você deve seguir o processo de infusão: a planta é colocada em água fervente por 10 a 15 minutos, em seguida retirada, e o líquido é ingerido. Quando as partes usadas são a casca da árvore ou do fruto, você deve seguir o processo de decocção: ferva-as juntamente com a água até que metade do líquido evapore. Em seguida, coe e beba o líquido.

Além dos chás, "géis" de ação tópica podem ser retirados da parte interna das folhas da babosa ou da base das folhas da taboa com o auxílio de uma faca ou um canivete. E você também tem a possibilidade de consumir diretamente frutos e sementes de ou-

TABELA III. Plantas nativas ou amplamente distribuídas no Brasil com ações terapêuticas comprovadas

PLANTA MEDICINAL	ESPÉCIE(S)	FAMÍLIA
Babosa*	Aloe vera, A. maculata	Asparagaceae
Buriti	Mauritia flexuosa	Arecaceae
Cagaita	Eugenia dysenterica	Myrtaceae
Erva-mate	Ilex paraguariensis	Aquifoliaceae
Goiabeira*	Psidium guajava	Myrtaceae
Guaraná	Paullinia cupana	Sapindaceae
Jambu	Acmella oleracea	Asteraceae
Maracujá	Passiflora actinia, P. alata, P. edulis, P. nitida, P. setacea, P. quadrangularis	Passifloraceae
Taboa	Typha angustifolia, T. latifolia	Typhaceae
Tanchagem/tansagem*	Plantago major, P. australis	Plantaginaceae

* Essas espécies foram introduzidas no Brasil há séculos e podem ser consideradas naturalizadas, ocorrendo mesmo em áreas remotas.

tras espécies que agem como laxantes ou vermífugos, tratando o mal-estar estomacal.

No caso do buriti, o óleo do fruto é extraído por meio de maceração. Na mata, use um pano limpo para envolver o fruto e esprema a polpa dentro de um recipiente com o auxílio de algo pesado (uma pedra ou pedaço de madeira, se necessário envoltos em saco plástico limpo). Também existem ferramentas específicas para espremer/descascar frutas e alguns canivetes ou facas têm adaptações que podem ser usadas para esse fim.

Legenda das regiões: N = Norte; NE = Nordeste; CO = Centro-Oeste; SE = Sudeste; S = Sul.

REGIÕES	USOS EM SITUAÇÃO DE CAMPO
N, NE, CO, SE, S	Parte interna das folhas (gel): anestésico, antisséptico e cicatrizante; alívio de queimaduras, picadas e pequenos ferimentos
N, NE, CO, SE	Casca do fruto (chá): antioxidante e vermífugo. Óleo do fruto (extraído por maceração): cicatrizante
N, NE, CO, SE	Fruto: laxante (vermífugo). Folha (chá): antidiarreico, vermífugo e antioxidante
NE, CO, SE, S	Folha (chá): estimulante, bactericida, antifúngico
N, NE, CO, SE, S	Folha e ramo jovem (chá): antidiarreico (diarreia aguda não infecciosa e enterite provocada por rotavírus)
N	Semente (moída ou chá): estimulante, antioxidante
N, NE, SE, S	Folha (chá): analgésico e anestésico (contra afta, herpes, dores de dente e garganta), fungicida e antiácaros
N, NE, CO, SE, S	Folha e casca da fruta (chá): calmante, anti-inflamatório e antialérgico
N, NE, CO, SE, S	Base das folhas (gel): anestésico e antisséptico, alívio de queimaduras e picadas. Broto jovem (fibra): serve como escova de dentes
N, NE, CO, SE, S	Folha, flor (chá): anti-inflamatório contra resfriado e dor de garganta. Semente: laxante

Vale o alerta de que algumas plantas na mata não devem ser nem mesmo *manuseadas* por pessoas com elevada sensibilidade ou histórico de alergias. As urtigas, por exemplo, são espécies comuns na Mata Atlântica, geralmente associadas a irritações e comichões na pele. Se você entrar em contato com urtigas, lave a região com água fria limpa e sabão para retirada de possíveis restos de tricomas da planta. (Como já falado, tricomas são os aparentes "pelinhos" ou pequenos espinhos na parte externa da folha.) Não coce para não espalhar os tricomas e aumentar o contato deles com a pele e evite altas temperaturas (água quente e/ou exposição ao sol). Na mata, na ausência de água limpa, você pode usar barro para diminuir temporariamente a sensação de queimação. Outras opções são usar o gel da babosa (*Aloe vera*) ou o gel da taboa, que auxiliam a recuperação, caso estejam disponíveis.

As plantas que possuem látex – a seiva mais espessa, branca, popularmente chamada de "leite" – são outra fonte de dermatite, podendo causar queimaduras se a pele em contato for exposta ao sol. Caso você entre em contato com látex, lave ou limpe a região imediatamente e a mantenha protegida da luz solar.

Coceiras causadas por urtigas e queimaduras provocadas pelo látex podem acometer qualquer pessoa e são facilmente evitadas, sem maiores consequências. Porém pessoas propensas a dermatite devem ter atenção redobrada para evitar reações alérgicas severas.

Você também deve tomar cuidado com a aroeira-brava (*Lithraea molleoides*), uma árvore de pequeno porte presente em todos os ambientes brasileiros, exceto na Amazônia – veja fotos na página 184. Algumas pessoas podem ser sensibilizadas por contato físico com a planta e desenvolver a chamada "aroeirite", caracterizada por sintomas alérgicos que variam de coceira a inflamação severa na pele, com formação de bolhas.

Caso a pessoa já tenha tido aroeirite, é possível que ocorram novos episódios até mesmo sem contato físico: as folhas liberam substâncias voláteis que podem causar inflamação do trato respiratório e inchaço generalizado, uma das reações alérgicas mais severas desencadeadas por uma planta. Caso você ou alguém da equipe já tenha apresentado aroeirite, aprenda a identificar a árvore e evite se aproximar dela durante as atividades de campo.

ÁRVORES E CIPÓS: RECURSOS PARA DIVERSAS FINALIDADES

Como já foi visto, as árvores fornecem frutos carnosos, que são fontes de carboidratos, vitaminas, fibras e até mesmo lipídios – geralmente nas sementes ou castanhas comestíveis –, e muitas espécies também possuem usos medicinais.

Em especial na região Amazônica (mas não apenas), é muito comum a utilização de cascas de diversas árvores para obtenção de chás ou emplastros (caso do jatobá: *Hymenaea courbaril, H. stigonocarpa*), assim como para extração de "óleos" a partir da seiva da planta (caso do pau-d'óleo: *Copaifera langsdorffii*). No entanto, a obtenção tanto da casca quanto da seiva interna exige técnicas específicas para não prejudicar nem matar a planta. Por isso, não é recomendado que você as use dessa forma durante as atividades na natureza – até porque existe o risco de confundi-las com espécies tóxicas.

Muitas das árvores utilizadas para extração de recursos madeireiros, medicinais e alimentícios que envolvem a casca ou outras partes do tronco, como seiva ou "medula" (no caso de palmeiras), foram ou ainda são extensivamente exploradas e encontram-se em risco de extinção. Existem legislações específicas no Brasil que proíbem a utilização de várias espécies, principalmente para combater o comércio e a exportação ilegais de madeira e de outras partes vegetais que podem provocar a morte da planta.

Assim, você *nunca* deve cortar e derrubar vegetação nativa viva, sobretudo espécies de grande porte.

De qualquer forma, é possível obter madeira com certa facilidade, para construir abrigos ou fazer fogo, utilizando galhos caídos ou até troncos de árvores recentemente caídas. No entanto, fique atento aos cuidados necessários para utilização de fogueiras na mata ou em ambientes campestres. Em especial, evite ao máximo acender fogueiras durante a estação seca, que, no Centro-Sul do Brasil, em geral corresponde ao inverno. Porém quanto mais próximo da linha do Equador você estiver, menos marcadas são as estações e a época de estiagem pode variar, por isso pesquise com antecedência as condições da área em que você realizará a atividade.

Quando for acender uma fogueira ou manipular fogo para outros fins, procure locais de vegetação mais aberta, sem acúmulo de vegetação seca, principalmente se estiver em áreas que tenham muito capim, que é extremamente inflamável. Também evite acender fogo sob arbustos e árvores baixas cuja copa possa ser atingida pelas chamas. Esteja muito atento às condições do vento, que pode mudar repentinamente de direção e levar o fogo a se alastrar para a vegetação ou mesmo em direção a pessoas, abrigos e seu material pessoal.

Para mais dicas, você pode ver a seção "Dicas e truques para usar plantas" ao fim do capítulo.

Além das árvores, outro recurso abundante nas florestas tropicais são os cipós, plantas escaladoras de caule fino e flexível que pode ser usado como fonte de madeira "mole" e resistente. Outro tipo de espécie escaladora são as raízes aéreas, também popularmente conhecidas como cipós, que têm uma flexibilidade ainda maior, por serem mais finas, fornecendo fibras resistentes e facilmente maleáveis. É o caso do cipó-titica (*Heteropsis flexuosa*) da Amazônia, do timbó-peba (*Heteropsis oblongifolia*) da Mata

Atlântica e das várias espécies conhecidas por cipó-imbé (todas elas da família Araceae).

Após escalarem as árvores, essas plantas emitem raízes que crescem da copa até o chão, muito utilizadas na fabricação de móveis, artesanato e redes. Deve-se utilizar o bom senso para não suprimir completamente as raízes e dar preferência ao uso de plantas já caídas ou soltas. Esses cipós são ótimas fontes de cordas naturais, extremamente resistentes e úteis para a construção de abrigos e outras amarrações em condições de campo.

A seguir, detalho algumas espécies de árvores que podem ajudar muito em atividades na mata sem que a planta corra risco de morrer. Para facilitar a identificação, o guia visual (páginas 181-183) contém uma imagem de cada espécie. Nele você também pode ver uma foto de raízes aéreas (os cipós da página 181).

ABIU-PILOSO, ABIURANA, CURRIOLA, GUAPEVA (*POUTERIA TORTA*)

Tem ampla distribuição desde o norte do país até o Paraná, ocorrendo em grande densidade no cerrado e em áreas de florestas no interior do Brasil. Além do fruto comestível já mencionado, tem folhas que possuem compostos alelopáticos (que impedem o crescimento de outras plantas) e agem como carrapaticida. Basta mergulhar as folhas frescas em água e deixá-las descansando por algumas horas para em seguida usar esse suco em locais com infestação de carrapatos. Os lugares que concentram várias abiuranas agrupadas são propícios para acampamentos, pois a copa retorcida funciona como abrigo natural e o acúmulo de folhas no chão impede que outras plantas cresçam, propiciando áreas naturalmente "limpas". Reunidas em grande quantidade, essas folhas também podem servir como matéria para fogo quando secas e em caso de indisponibilidade de lenha no local.

ARAUCÁRIA, PINHEIRO-DO-PARANÁ
(*ARAUCARIA ANGUSTIFOLIA*)

Espécie de pinheiro mais conhecida e amplamente distribuída no Brasil, a araucária ocorre naturalmente nos estados do Sul, assim como em áreas montanhosas de Minas Gerais, Rio de Janeiro e São Paulo. Foi bastante explorada e atualmente encontra-se em perigo crítico de extinção. De grande porte, é facilmente reconhecida e se destaca na paisagem devido a sua copa em formato de candelabro. Sua semente, o pinhão, é muito apreciada na culinária. Ao redor da árvore, é comum encontrar galhos e folhas caídos, ótimas fontes de lenha, por serem bastante inflamáveis. Galhos maiores caídos também podem ser utilizados como madeira para abrigos.

A araucária possui uma resina esbranquiçada quando fresca e amarelada ou âmbar quando seca, com cheiro característico, que remete ao aroma de pinho. É bem comum encontrar árvores na mata secretando resina espontaneamente, seja por algum ferimento externo na casca ou pela cicatriz de algum galho caído. Assim, não é necessário ferir a planta para extrair a resina, que pode ser utilizada emergencialmente como cola para vedar pequenas fissuras, pois adquire textura rígida depois de seca.

A casca da araucária é bem grossa, chegando a 15cm de espessura, e, por ser muito rugosa, sua parte mais externa se desprende com facilidade. É possível quebrar pequenos pedaços dela, impregnados de resina, e guardá-los para utilizar como iniciadores de fogo, já que é um material altamente inflamável.

BURITI (*MAURITIA FLEXUOSA*)

Essa palmeira tem ampla distribuição em todo o país, com exceção dos estados da região Sul. A presença de grandes adensamentos dessa árvore (buritizais) está associada à presença de água, sendo boa indicadora de umidade na superfície. As comunidades indígenas a chamam de "árvore da vida", pois utilizam todas as partes da planta.

Além dos já mencionados usos comestíveis e medicinais do buriti, suas folhas jovens são um valioso recurso, pois fornecem uma fibra muito utilizada para artesanato de cestos e utensílios variados, servindo igualmente como cobertura de abrigos e como corda. Você também pode usar folhas caídas para esses fins.

Embora tanto o tronco quanto o palmito do buriti sejam muito apreciados, você não deve cortá-los, pois essa árvore é particularmente importante para o ecossistema.

BUTIÁ, COQUINHO-AZEDO, GUARIROBA-DO-CAMPO (*BUTIA CAPITATA*)

Nos três estados da região Sul, onde o buriti não ocorre, é o butiá que tem destaque entre as palmeiras. Além dos frutos, suas sementes são comestíveis e fonte de óleo. As folhas podem ser utilizadas de maneira similar às do buriti, como fonte de fibras e cobertura para abrigos.

JATOBÁ (*HYMENAEA COURBARIL, H. STIGONOCARPA*)

Amplamente distribuída em todo o país, exceto nos estados do Rio Grande do Sul e de Santa Catarina, é uma das espécies mais comuns na Mata Atlântica de interior e em algumas formações de cerrado. Além do fruto, que é extremamente nutritivo, a casca do tronco do jatobá é bastante utilizada para fins medicinais, mas, como é muito similar à de outras espécies tóxicas do mesmo gênero (jutaís), não é recomendável que você a use, para não correr risco de identificá-la incorretamente.

A resina do jatobá, conhecida na Amazônia por jutaicica, é formada quando sua seiva avermelhada escorre por alguma "ferida" e entra em contato com o oxigênio e se solidifica, formando bolas que caem no pé da árvore. Ela pode ser mastigada para combater dores de estômago e gases ou queimada e inalada contra resfriados e dor de cabeça.

Também pode ser utilizada como verniz ou impermeabilizante vegetal, assim como iniciadora de fogo, a exemplo da resina de araucária – para se ter uma ideia, os indígenas punham a jutaicica na ponta das flechas para incendiar aldeias rivais.

As folhas do jatobá possuem grande concentração de terpenoides, que são fungicidas e repelentes de saúvas. Assim, caso seu acampamento fique infestado dessas formigas, você pode usar as folhas como forração para repeli-las.

DICAS E TRUQUES PARA USAR PLANTAS

1. Não use pedaços de madeira que já estejam em processo de decomposição, a fim de evitar acidentes ocasionados pela quebra ou queda desse material ou por intoxicação e alergias causadas pelos fungos. Esse tipo de madeira se "esfarela", apresentando pontos amolecidos. Da mesma forma, você não deve utilizar pedaços com cupins ou ninhos de outros insetos.
2. Frutos carnosos e maduros são a forma de alimentação selvagem mais segura e abundante nas nossas matas. Procure frutos de gosto adocicado e textura "mole".
3. Folhas de palmeiras são especialmente úteis para cobertura e forração de abrigos devido ao porte e à resistência de suas fibras – e folhas caídas são facilmente encontradas próximas à planta.

BIBLIOGRAFIA

Coradin, Lidio; Camillo, Julcéia; Pareyn, Frans Germain Corneel (eds.). *Espécies nativas da flora brasileira de valor econômico atual ou potencial – Plantas para o Futuro – Região Nordeste*. Brasília, DF: Ministério do Meio Ambiente/Secretaria de Biodiversidade, 2018.

Coradin, Lidio; Camillo, Julcéia; Vieira, Ima Célia Guimarães (eds.). *Espécies nativas da flora brasileira de valor econômico atual ou potencial – Plantas para o Futuro – Região Norte*. Brasília, DF: Ministério do Meio Ambiente/Secretaria de Biodiversidade, 2022.

Coradin, Lidio; Siminski, Alexandre; Reis, Ademir (eds.). *Espécies nativas da flora brasileira de valor econômico atual ou potencial – Plantas para o Futuro – Região Sul*. Brasília, DF: Ministério do Meio Ambiente/Secretaria de Biodiversidade, 2011.

Flora e Funga do Brasil. Jardim Botânico do Rio de Janeiro. Disponível em: http://floradobrasil.jbrj.gov.br/reflora/listaBrasil/ConsultaPublicaUC/ConsultaPublicaUC.do/ Acesso entre 13 jul. 2022 e 14 set. 2022.

Reis, Vitor Manoel Silva dos. "Dermatoses provocadas por plantas (fitodermatoses)." *Anais Brasileiros de Dermatologia*, 85(4): 479-489, 2010.

Rios, Mary Naves da Silva; Pastore Jr., Floriano (eds.). *Plantas da Amazônia*: 450 espécies de uso geral. Brasília, DF: Universidade de Brasília, Biblioteca Central, 2011.

SHANLEY, Patricia; MEDINA, Gabriel (eds.). *Frutíferas e plantas úteis na vida amazônica*. Belém: CIFOR, Imazon, 2005.

VIEIRA, Roberto Fontes; CAMILLO, Julcéia; CORADIN, Lidio (eds.). *Espécies nativas da flora brasileira de valor econômico atual ou potencial – Plantas para o Futuro – Região Centro--Oeste*. Brasília, DF: Ministério do Meio Ambiente/Secretaria de Biodiversidade, 2016.

CONCLUSÃO

Quero agradecer a você por ler este livro. Obviamente, é importante que você não só assimile as lições, mas que também vá para o ar livre e desfrute do que a natureza tem a oferecer. A melhor maneira de aprender as habilidades discutidas aqui é praticando-as.

Não podemos esquecer os ensinamentos dos nossos antepassados e devemos transmitir essas habilidades para quem deseja aprendê-las. Além disso, sempre precisamos lembrar que somos guardiões da Terra. Um dos maiores objetivos de todo praticante de bushcraft é conservar recursos e estimular a renovação. Só assim nossos descendentes poderão continuar desfrutando das mais lindas paisagens deste planeta.

É possível que algo dê errado quando você se aventurar no mato. Nesse caso, praticar as habilidades de bushcraft em passeios mais curtos e fáceis o ajudará a se preparar para lidar melhor com uma emergência. Em vez de enfrentar uma situação de vida ou morte, você conseguirá transformá-la em um problema grave mas solucionável, não mortal.

Foram necessários anos de pesquisa e experimentação até que eu aprendesse a discernir quais são as habilidades mais importantes a se ter no mato e quais os itens mais importantes a se carregar. Este livro é uma tentativa de resumir esse conhecimento em poucas páginas e com algumas ilustrações. Ele não só tornará você um mateiro melhor como facilitará sua vivência na natureza.

E, no fim das contas, isso é o que conta. Boa sorte!

Dave Canterbury

APÊNDICE A

Como conservar e utilizar recursos

Neste livro, conservar recursos significa ser sagaz e fazer o melhor uso possível deles. Se você estiver perdido no mato, não saberá quanto tempo levará até ser encontrado, portanto é essencial entender quais são os recursos cruciais para, então, preservá-los. A seguir, listo algumas dicas fundamentais para esse fim:

1. Só use a faca quando necessário. Sempre que possível, quebre gravetos e arranque cascas de árvores com as mãos ou com pedras afiadas.
2. Sempre recolha a acendalha seca para uso posterior. Quando tiver tempo e energia, faça fogueiras usando métodos primitivos. Guarde a acendalha, que é o método mais garantido de acender a chama, para quando for absolutamente necessária.
3. Sempre que possível, use madeira de árvores mortas para fazer abrigos e fogueiras. Evite desperdiçar energia quebrando galhos.
4. A água é preciosa. Sempre que estiver prestes a chover, monte um dispositivo para coletá-la.
5. Quando possível, monte acampamento perto de uma fonte de água. Assim você se desloca menos e facilita a coleta de água e a obtenção de alimentos.

6. Sempre pense na sua próxima fogueira: antecipe-se carbonizando tecidos ou poupando um pouco de acendalha.
7. Desloque-se no momento que for mais confortável. Se estiver quente, viaje de manhã cedo e à noitinha; no frio, viaje nos horários em que o sol está alto.

APÊNDICE B

Receitas para o mato

BISCOITO DE SAL

4 ou 5 xícaras de farinha de trigo
2 xícaras de água
3 colheres de chá de sal

MODO DE PREPARO
1. Você pode fazer esta receita em casa para levar para a viagem. Preaqueça o forno a 190ºC.
2. Misture a farinha, a água e o sal numa tigela grande até que a mistura fique bem seca. Acrescente mais farinha se necessário.
3. Abra a massa até que ela fique com espessura de cerca de 1,5cm e molde-a em um retângulo. Corte-a em quadrados de 8cm × 8cm.
4. Coloque a massa num tabuleiro e asse cada lado por 30 minutos.

PÃO BÁSICO

1 xícara de farinha (branca ou uma mistura de farinha branca com integral)
1 colher de chá de fermento
¼ de colher de chá de sal
¼ de xícara de leite em pó
1 colher de sopa de óleo vegetal
Óleo para fritar
Água conforme necessário

MODO DE PREPARO
1. Faça a mistura em casa antecipadamente. Peneire os ingredientes secos numa tigela grande e vá acrescentando o óleo vegetal até a mistura ficar com consistência granulosa. Embale a mistura em sacos seláveis. Proteja com dois sacos se for fazer uma viagem longa.
2. Na viagem, coloque bastante óleo numa pequena frigideira de ferro fundido ou aço inoxidável.
3. Despeje aproximadamente ¼ de xícara de água no saco e aperte para misturar.
4. Esprema a mistura para fora do saco e sobre a frigideira aquecida.
5. A massa começa a adquirir a aparência de um pão comprido após 10 ou 12 minutos, dependendo da temperatura do fogareiro. Nesse momento, vire a massa. Para conferir se está pronto, pegue um palito de dente e fure a massa. Se ele sair seco, está pronto; se sair úmido ou com massa grudada, deixe assar mais um pouco.

PÃO À CAÇADOR

2 xícaras de farinha de trigo
1 colher de chá de fermento
1 pitada de sal
1 colher de sopa de açúcar
1 colher de sopa de azeite
300ml de água

MODO DE PREPARO
1. Junte todos os ingredientes e os misture com as mãos até que a massa esteja homogênea.
2. Com uma faca, tire a casca de um graveto. Enrole a massa nele e segure-o junto às brasas para assar.

MILHO ASSADO

1 espiga de milho verde
Água
Sal a gosto

MODO DE PREPARO
Coloque a espiga na grelha e aos poucos vá regando-a com água e sal, até o seu cozimento. Você também pode colocar o milho na brasa, com casca. Depois que a palha estiver dourada, pode retirá-lo.

OVO NO ESPETO

1 ovo de galinha
Sal a gosto

MODO DE PREPARO
1. Usando a ponta de sua faca, faça dois pequenos furos nas extremidades do ovo, tomando cuidado para não quebrar a casca toda nem deixar vazar clara e gema.
2. Atravesse um graveto fino por esses dois furos. Seja cuidadoso, para que o ovo não quebre.
3. Segure o graveto com o ovo sobre a brasa para assá-lo por mais ou menos 20 minutos. Quando estiver cozido, a casca deve dar uma trincadinha. Retire-a e coloque sal.

TOMATE RECHEADO

1 tomate
1 ovo de galinha
Sal e pimenta a gosto

MODO DE PREPARO
1. Corte a cabeça do tomate e retire o miolo.
2. Quebre um ovo, despejando o conteúdo no interior do tomate, depois tempere com sal e pimenta. Você também pode acrescentar presunto, queijo ou outros ingredientes.
3. Recoloque a cabeça do tomate, cubra-o com papel-alumínio ou uma fina camada de barro e deixe-o próximo ao fogo para assar.

ARROZ SEM PANELA

1 caneca de arroz
1 caneca de água
Sal a gosto

MODO DE PREPARO
1. Como vasilha, você pode usar um gomo de bambu largo ou uma abóbora-moranga. No caso do bambu, faça um entalhe de cabana (veja página 42) e tire fora o pedaço do meio para usar o bambu como recipiente. No caso da abóbora, abra uma "tampa" e a limpe bem por dentro, retirando todo o seu interior. Você poderá revestir o lado de fora da moranga com papel-alumínio (lado brilhante para dentro) ou deixá-la sem o papel.
2. Tampe o bambu ou a moranga e coloque o "recipiente" no chão, perto das brasas.
3. Acompanhe o cozimento do arroz, evitando que ele queime. Caso seja necessário, acrescente mais água.

COXAS DE FRANGO

12 coxas de frango
2 xícaras de biscoito de sal triturado
1 xícara de farinha de trigo
1 xícara de fubá
⅛ a ¼ de xícara de cebola picada
Sal e pimenta a gosto
1 ovo grande
½ xícara de leite
Óleo vegetal ou banha para fritar

MODO DE PREPARO

1. Em casa, limpe bem a carne e a acondicione para a atividade no mato. Ela deve ser levada congelada, numa bolsa térmica com gelo, para continuar própria para consumo, e deve ser consumida no mesmo dia.
2. Já em campo, esquente a carne para descongelá-la se necessário e deixe-a de lado.
3. Em um saco grande selável, acrescente migalhas de biscoito, farinha, fubá, cebola, sal e pimenta. Balance para misturar. Numa tigela rasa, bata o ovo com o leite.
4. Aqueça o óleo vegetal ou a banha na frigideira em fogo de médio a alto. O óleo deve ter cerca de 1,5cm de profundidade.
5. Mergulhe as coxas de frango na mistura de ovo com leite e depois na mistura de biscoitos, até que estejam cobertas uniformemente. Em seguida, com cuidado, coloque-as no óleo quente. Cozinhe até que fiquem douradas nos dois lados, cerca de 5 minutos por lado. Se as coxas começarem a ficar marrons rápido demais, baixe o fogo. Escorra o óleo antes de servir.

CARNE-SECA (TODAS AS CARNES VERMELHAS E PEIXES)

1,5kg de carne
Temperos da sua preferência (sal, pimenta, etc.)

MODO DE PREPARO
1. Em casa, limpe bem a carne e a acondicione para a atividade no mato. Ela deve ser levada congelada, numa bolsa térmica com gelo, para continuar própria para consumo.
2. Já em campo, no mesmo dia em que a tirou do congelador, esquente a carne para descongelá-la se necessário.
3. Construa um suporte para secagem, composto de duas varas fixas no solo e outra acima, apoiada entre elas como um varal.
4. Corte a carne em fatias finas (quanto mais fina, mais rápido ela secará). Coloque-a num saco de freezer com bastante tempero e o sacuda até a carne ficar coberta pelo tempero.
5. Pendure a carne sobre uma fogueira de combustão lenta. Para saber se o fogo está bom, tente manter a mão sobre o suporte de 3 a 5 segundos. Caso não consiga, está quente demais. Caso consiga por mais tempo, você deve aumentar a temperatura do fogo.
6. Cubra com um cobertor térmico de emergência para acelerar o processo e criar uma câmara de defumação.
7. Atice a fogueira lentamente, evitando chamas altas, mexendo na fogueira ou colocando lenha se necessário, de modo a manter o calor, até que a carne esteja seca o bastante para se partir quando dobrada.
8. Enrole-a em plástico ou papel-alumínio, num saco sem ventilação, para levar para a trilha. Ao consumir, faça uma sopa para reidratar a carne, acrescentando legumes e outros vegetais para aumentar o valor nutritivo.

MAÇÃ COM GOIABADA

1 maçã
Goiabada

MODO DE PREPARO
1. Retire os caroços da maçã e preencha seu miolo com goiabada.
2. Envolva a maçã com papel-alumínio ou com uma fina camada de barro.
3. Asse a maçã junto às brasas.

Além dessas receitas, existem muitas outras opções de comida mateira. Use sua criatividade, adapte ou invente novas receitas que possam ser preparadas com poucos ingredientes e recursos.

APÊNDICE C

Glossário

abrigo de alpendre: Abrigo formado por uma única parede inclinada e coberta com folhas, galhos e outros detritos para formar um telhado seguro.

abrigo de detritos: Adaptação do abrigo em "A" com uma viga central apoiada no solo, criando uma estrutura triangular fechada com uma pequena abertura.

abrigo em "A": Abrigo com duas paredes inclinadas que se encontram no topo e bloqueiam vento e chuva de dois lados.

abrigo em losango: Parecido com um abrigo de detritos, esse abrigo é preso por três quinas ao solo, enquanto a quarta quina é amarrada a uma árvore ou outra estrutura, dando ao abrigo um formato de losango.

acendalha: Materiais naturais que pegam fogo facilmente para acender uma fogueira, de diâmetro igual ou menor ao de um lápis.

aiming off: Marcar propositalmente uma orientação alguns graus à esquerda ou à direita do destino pretendido. Ao alcançá-la, você saberá que deve virar para a direita ou a esquerda a fim de chegar ao local desejado.

ajustador: Graveto ou cavilha preso a uma corda ou cordelete por um nó. Pode ser usado como ponto de fixação que é facilmente movido ou removido e aguenta peso se necessário.

amarras: Nós usados para prender objetos uns aos outros. Essenciais na construção de abrigos resistentes no mato.

arco e broca: Método de fazer fogo que usa um arco para girar um graveto rapidamente, produzindo fricção e calor para gerar uma brasa.

armação Roycroft: Estrutura para carregar seus pertences. Formada por três pedaços de madeira amarrados uns aos outros formando um triângulo.

azimute: Uma orientação ou a direção na qual você está indo; o ângulo de desvio de uma direção-padrão como o norte ou o sul.

***backstop*:** Em navegação, um ponto além do qual você não deve passar. Geralmente, uma característica linear do terreno que seja perpendicular à sua rota.

bainha: Estojo ou proteção para uma ferramenta com lâmina.

batonagem: Modo de partir madeira usando um pau ou bastão para bater na faca e fazê-la atravessar um pedaço de madeira ou um tronco.

bigorna de árvore: Superfície plana e firme criada no tronco de uma árvore caída por meio de um entalhe de cabana, adequada para raspagens, cortes e outras atividades.

bivaque: Saco de plástico que cobre a cabeça e o saco de dormir, oferecendo proteção contra chuva ou solo úmido.

bornal: Bolsa pequena de alça diagonal carregada junto ao corpo. Usado para itens de importância imediata ou coletados na mata.

bússola silva: Conta com uma base plana, geralmente de plástico transparente, e pode ser colocada sobre um mapa para ajudar no estabelecimento de rotas, pois contém régua e escalas.

canhada: Redução na elevação de uma selada (área mais baixa entre dois cumes), que é um bom ponto de escoamento de água.

canivete: Ferramenta de bolso na qual a faca se dobra para dentro do cabo, às vezes contendo outros recursos também.

cavacos: Lascas de madeira bem finas meio encrespadas. São bons para acender fogueiras porque aumentam a área de superfície com que a chama entra em contato.

círculo de sangue: No manuseio de facas, a área de 360° ao seu redor, mais longa do que o comprimento do seu braço esticado, na qual alguém poderia ser cortado acidentalmente por uma lâmina.

cobertor térmico de emergência: Tecido ou cobertor que você pode estirar no solo para se proteger da umidade e do frio.

contador de passos: Fios de contas usados para registrar a distância percorrida ao caminhar. Você deixa cair uma conta a cada 100m percorridos (ou 1km).

decocção: Processo de produção de chás em que a casca da árvore ou do fruto é fervida juntamente com a água.

desbaste da faca: O formato da lâmina. Cada tipo de desbaste tem suas vantagens ou desvantagens para cortes, raspagens e entalhes.

desvio lateral: Tendência a se mover gradualmente para a esquerda ou para a direita em caminhadas longas.

diagrama de declinação: Num mapa, diagrama que mostra quantos graus há de diferença entre o norte magnético e o norte do mapa.

escala do mapa: Indicador da correspondência entre a medição em um mapa e a distância real. Por exemplo, alguns mapas indicam que 1cm neles equivale a 1km.

falcaça: Amarração feita com cordeletes que impede que objetos se desprendam, se soltem ou se desfaçam. Por exemplo, uma falcaça na extremidade de uma corda impede que as fibras se desfiem.

fita mule: Fita de poliéster leve e com alta tenacidade muito usada por eletricistas.

fita tubular de poliamida: Fita usada principalmente para escaladas. Pesa menos do que uma corda, ocupa menos espaço e costuma ter mais tenacidade.

fogareiro: A unidade que produz a chama num fogão de acampamento.

fogo de trincheira: Tipo de fogueira no qual dois buracos são conectados por um túnel. A fogueira é montada em cima de um deles e o ar que circula vindo do outro a mantém queimando alto e iluminando a área.

fogueira de conselho: Fogueira feita dispondo troncos cruzados num quadrado com acendalha e mecha dentro.

fogueira de fechadura: Buraco de fogueira escavado em formato de fechadura. A fogueira é montada no buraco maior e carvões em brasa são arrastados para a trincheira em frente, formando uma área para cozinhar.

fogueira em cone: Armação de fogueira na qual as madeiras são colocadas de pé, com as pontas se tocando, no formato de um cone.

gancho de panela: Vara com diversos pontos de ajuste para erguer ou baixar a panela acima da fogueira.

***handrails*:** Elementos lineares do terreno que você pode usar como orientação caso eles sigam na direção do ponto aonde você deseja chegar.

haste: Feita com um galho entalhado e uma forquilha, pode ser usada para suspender panelas sobre a fogueira ou para segurar qualquer coisa que você queira manter acima do solo.

latinha carbonizadora: Lata contendo material carbonizado para ajudar a fazer fogo.

limbo: Anel giratório na bússola que indica direções marcadas em graus. Usado para orientação.

linha de base: É perpendicular ao acampamento ou à linha do ponto de partida. Quando você chega a ela, consegue saber que direção seguir para voltar ao início sem precisar de uma bússola.

linha de cumeada: Série de cumes interligados que possibilita viagens por terrenos elevados.

linha de cumeeira: Linha-guia que serve de suporte superior da lona do toldo ou da barraca.

linha de fé: Seta de direção na tampa da bússola gravada na régua, usada para localizar a direção em graus de um determinado ponto.

linhas de grade: Linhas horizontais e verticais uniformemente espaçadas, formando uma espécie de quadriculado (grade), usadas para localizar pontos em um mapa.

linóleo: Tecido impermeável usado para toldos e barracas e feito de algodão revestido com tíner e óleo de linhaça.

madeira morta: Madeira que caiu naturalmente – galhos mortos, árvores derrubadas pelo vento, etc.

madeira resinosa: A área resinosa do pinheiro na qual a seiva se acumula naturalmente. Excelente material para acender fogueiras.

mecha: Material altamente combustível capaz de pegar fogo de imediato em contato com uma fagulha ou brasa ardente.

mecha rápida: Materiais vegetais que contêm óleos voláteis e entram em combustão de imediato em contato com o fogo. Contudo, como as fibras são finas, queimam muito rapidamente e a chama é de curta duração.

ninho de pássaro: Usado para acender fogueiras, trata-se de um feixe de mechas no formato de um ninho. Deve ter uma combinação de materiais finos, médios e grossos altamente inflamáveis.

orientação: Em navegação, é a direção.

pederneira: Bastão feito de material pirofórico usado para acender fogueiras. Para produzir as fagulhas, basta raspá-lo contra superfícies duras.

placa e chaira diamantadas: Equipamento para afiar facas e outras ferramentas com fio.

polipropileno: Material leve e muito barato. Tem pouca durabilidade, portanto é inadequado para qualquer atividade que não seja de curto prazo.

pontos de ancoragem: Pontos da lona onde podem ser amarradas cordas para fixá-la a estacas, galhos ou outro local firme.

resina: A seiva de um pinheiro ou jatobá, que serve para acender fogueiras e, no caso do jatobá, tem várias propriedades medicinais.

saco de folhas: Saco leve do comprimento do seu corpo que pode ser enchido com folhagem para funcionar como um colchão.

selada: Área de relevo mais baixa entre dois cumes, formando um ponto de drenagem e oferecendo proteção contra o vento e a chuva.

sisal: Fibra vegetal resistente, usada para fazer cordas.

strop: Ferramenta que consiste em uma cinta de couro ou uma tira de couro fixa numa base com cabo para fazer a afiação final de uma lâmina.

tirante: Corda com ajustador para fixar barracas e toldos.

triângulo da morte: A parte do corpo que deve estar sempre protegida de uma faca ou machado. Trata-se da região da parte superior das pernas: coxas, virilha, órgãos sexuais e artérias femorais.

CRÉDITOS DO GUIA VISUAL

PLANTAS MEDICINAIS
página 177
1. © David J. Stang. Disponível em: https://commons.wikimedia. org/wiki/File:Aloe_vera_17zz.jpg?uselang=pt-br
2. © Valentyn Volkov / Shutterstock
3. © Guga Asciutti / Shutterstock
4. © Juerginho / Shutterstock

página 178
1. © Brandizzi. Disponível em: https://commons.wikimedia.org/wiki/File:Cagaiteira.JPG?uselang=pt
2. © Conrado. Disponível em: https://commons.wikimedia.org/wiki/File:Cagaita.jpg?uselang=pt
3. © Michel Gunther / Biosphoto / AGB Photo Library
4. © Stickpen. Disponível em: https://commons.wikimedia.org/wiki/File:Ilexparaguariensis.jpg?uselang=pt

página 179
1. Acervo pessoal de Suzana Alcantara
2. Acervo pessoal de Suzana Alcantara
3. © Bernard Dupont. Disponível em: https://commons.wikimedia.org/wiki/File:Guaran%C3%A1_(Paullinia_cupana)_fruits_(29055398276).jpg?uselang=pt
4. © Photoay / Shutterstock

página 180
1. © Doikanoy / Shutterstock
2. Acervo pessoal de Suzana Alcantara
3. © Douglas Goldman. Disponível em: https://commons.wikimedia.org/wiki/File:TyphaAng1.jpg?uselang=pt
4. © Paulius Rupšas. Disponível em: https://commons.wikimedia.org/wiki/File:Plantago_major_151342253.jpg?uselang=pt

CIPÓS E ÁRVORES
página 181
1. Acervo pessoal de Suzana Alcantara
2. © Alex Popovkin. Disponível em: https://commons.wikimedia.org/wiki/File:Pouteria_torta_Radlk._subsp._gallifructa_(Cronquist)_T.D.Penn._(8165322132).jpg?uselang=pt
3. © Alex Popovkin. Disponível em: https://commons.wikimedia.org/wiki/File:Pouteria_torta_Radlk._subsp._gallifructa_(Cronquist)_T.D.Penn._(8165347974).jpg?uselang=pt

página 182
1. Acervo pessoal de Suzana Alcantara
2. © JCLobo / Shutterstock
3. Acervo pessoal de Suzana Alcantara

página 183
1. © JIANG TIANMU / Shutterstock
2. © YasmimZangerolami/Shutterstock
3. © mauroguanandi. Disponível em: https://commons.wikimedia.org/wiki/File:Hymenaea_courbaril_1.jpg?uselang=pt
4. © guentermanaus / Shutterstock
5. © Luis Echeverri Urrea / Shutterstock

PLANTAS A SE EVITAR
página 184
1. © Jorge EFO Silva. Disponível em: https://commons.wikimedia.org/wiki/File:Lithraea_molleoides_-_whole.jpg?uselang=pt
2. © João Medeiros. Disponível em: https://commons.wikimedia.org/wiki/File:Flickr_-_Jo%C3%A3o_de_Deus_Medeiros_-_Lithrea_molleoides.jpg?uselang=pt
3. © Alejandro Bayer Tamayo. Disponível em: https://commons.wikimedia.org/wiki/File:Palma_mariposa_(Caryota_mitis)_(14519703782).jpg?uselang=pt-br
4. © faustasyan / Shutterstock

CONHEÇA OS LIVROS DO MANUAL DO MUNDO

Coleção: O GRANDE LIVRO
O Grande Livro de Ciências do Manual do Mundo
O Grande Livro de História do Manual do Mundo
O Grande Livro de Matemática do Manual do Mundo

Coleção: BRINCANDO DE APRENDER COM
O MANUAL DO MUNDO
Livro de coisas divertidas para encontrar e colorir
Meu caderno de atividades do corpo humano
Meu primeiro caderno de atividades
Meu caderno de atividades de matemática
Meu caderno de atividades do jardim de infância
Caligrafia para crianças: letra cursiva
Caligrafia para crianças: letra de fôrma
Primeiros passos para escrever letras e números

Dúvida cruel
Dúvida cruel 2
Almanaque do Manual do Mundo Mini
Desenhe 50 animais com o Manual do Mundo
50 experimentos para fazer em casa
Experimentos ao ar livre com o Manual do Mundo
Guia de sobrevivência na natureza

Para saber mais sobre os títulos e autores da Editora Sextante,
visite o nosso site e siga as nossas redes sociais.
Além de informações sobre os próximos lançamentos,
você terá acesso a conteúdos exclusivos
e poderá participar de promoções e sorteios.

sextante.com.br